Engel, So funktioniert Wirtschaft

Reinhard Engel

SO FUNKTIONIERT WIRTSCHAFT

EIN SACHBUCH FÜR JUGENDLICHE

Leykam

Widmung

Für Ari Pardess.
Wegen seiner klugen Fragen und seinem beharrlichen Interesse für wirtschaftliche Zusammenhänge ist dieses Buch entstanden.

Dank

Dieses Buch wurde gefördert von: Agrana, Boehringer Ingelheim, CAG Holding, Doppelmayr, Erste Group Bank, FACC, GPA-djp, Infineon, Industriellenvereinigung, KTM, Palfinger, Pankl Racing Systems, Rosenbauer, Starlinger, Strabag, VIG

Impressum

Ein Hinweis in eigener Sache: Dieses Buch ist mit Hilfe einer Reihe von Förderern und Sponsoren zustande gekommen. Fünf davon finden sich auch im Text: Doppelmayr im Kapitel über urbane Seilbahnen, FACC und Pankl Racing Systems bei der Luftfahrtbranche, Boehringer Ingelheim im Kapitel: Wie ein Medikament entsteht, die Erste Group Bank im Bankenkapitel. Diese Texte wurden unabhängig von den Unternehmen geschrieben, und die Firmen haben sie auch nicht vor Erscheinen gesehen.

Layout und Satz: Medienfabrik Graz GmbH
Druck: Steiermärkische Landesdruckerei GmbH, 8020 Graz
Gesamtherstellung: Leykam Buchverlag
ISBN 978-3-7011-8020-2
www.leykamverlag.at

Liebe Leserin, lieber Leser

Das ist kein Lehrbuch. „So funktioniert Wirtschaft" möchte Interesse für die Vielfalt der Wirtschaft wecken, nicht mit erhobenem Zeigefinger, sondern mit wachen Augen und mit Offenheit für Neues, Unerwartetes. Geschrieben wurde es von einem Journalisten, der lieber in Werkstätten, Labors und Fabrikshallen recherchiert, als am Schreibtisch vor dem Bildschirm zu sitzen.

An diese Orte möchte ich Euch auch mitnehmen: auf den Bergbauernhof und ins Stahlwerk; zu den globalen Cyber-Kriegern und zu den Gründern von Weltkonzernen, hinter die Kulissen eines Wiener Luxushotels und hoch hinauf zu alpinen Kraftwerksbaustellen.

An diesen Beispielen wird dann schnell auch Grundsätzliches sichtbar: Das Geld kommt wohl heute aus dem Bankomaten, aber viel wichtiger bleibt, wer diesen angefüllt hat. Zuvor musste etwas erzeugt, geschaffen, erfunden werden. Diese Wertschöpfung will das Buch beispielhaft zeigen: Wie Menschen arbeiten, etwas riskieren, investieren, ihre Ideen umsetzen. Und wie sie das schaffen in einer globalen, sich schnell wandelnden Welt. Die 500 Jahre alte Lodenwalke hat natürlich heute einen Webshop. Maschinenbau-Lehrlinge müssen ebenso gut programmieren können wie schleifen und feilen. Für die Kids am abgelegenen Bauernhof ist eine Internet-Suche ganz selbstverständlich.

Das wird auch die Chance der österreichischen Wirtschaft in der Zukunft sein: Die über viele Jahre erworbenen Stärken verknüpfen mit der neuen digitalen Welt. Wir müssen nicht unbedingt ein neues

Google oder Amazon erfinden, sondern die Qualität des heimischen Handwerks, der Hotellerie oder der Industriefirmen in einer klein gewordenen Welt international vermarkten. Dazu braucht es Neugierde, Wissen, auch Sitzfleisch beim Lernen. Während die einen Jobs unwiederbringlich verschwinden, tun sich neue auf. Aber die sind anspruchsvoll.

Das Buch endet nicht zufällig mit dem Portrait einer Pilotin. Sie hat auch in schwierigen Zeiten nicht aufgegeben, an ihren Traum zu glauben, den vom Fliegen und den, das Fliegen zu ihrem Beruf zu machen. Heute sind die Chancen dafür wieder größer, die Fluglinien suchen verstärkt Nachwuchs, bieten Ausbildungsplätze an. Auch wenn nicht jeder und jede ins Cockpit kommen wird, ist es wichtig, einen Traum zu haben. Und dann hart daran zu arbeiten, ihn Wirklichkeit werden zu lassen.

Reinhard Engel

Inhaltsverzeichnis

Kälber, Bäume und Kartoffeln

FABI UND VIKI TEMMEL LEBEN AUF EINEM STEIRISCHEN BERGBAUERNHOF – UND ARBEITEN AUCH SCHON FLEISSIG MIT.

Fabi Temmel führt das etwas ängstliche Kälbchen Schoki aus dem Stall ins Freie.

Viki Temmel spielt nicht nur gerne mit den Katzen am Hof. Sie kann auch schon den Traktor steuern, wenn es sein muss.

Am Anfang ist die Geburt. „Ich war schon oft dabei, wenn eine Kuh ein Kalberl bekommen hat", erzählt Viki. Sie und ihr Bruder Fabi leben auf dem Globhof im steirischen Soboth, nahe der Kärntner und slowenischen Grenze. Es ist eine Bergbauernwirtschaft, über 1.000 Meter hoch gelegen, mit steilen Wiesen und Wäldern. „Aber am wichtigsten sind die vielen Tiere", erzählt Viki.

Fabi erklärt gleich, was man alles machen muss, wenn ein Kälbchen auf die Welt kommt. „Zuerst schauen zwei Beine heraus. Dann muss man vorsichtig einen Spezialstrick anbinden, mit einem Stück Holz daran. Und wenn die Kuh presst, hilft man ihr. Man zieht dann mit. Wenn das Kälbchen heraußen ist, reibt man es mit Heu ab, vor allem beim Herz, damit das ordentlich zu schlagen beginnt."

Die beiden Kinder von Manuela und Franz Temmel wissen aber auch genau, dass die Tiere nicht bloß zum Spielen da sind, sondern ganz erheblich zu den Einnahmen des Hofes beitragen. Fabi: „Acht von unseren 34 Rindern sind Milchkühe. Jeden zweiten Tag wird die Milch mit einem Tankwagen abgeholt. In der Molkerei Stainz machen sie dann Butter, Sauerrahm und verschiedene Milchgetränke daraus." Viki kennt sich auch beim Jungvieh aus: „Bei den Kälbern werden die männlichen kastriert, und sie bleiben zwei Jahre bei uns, im Sommer auf den Wiesen, im Winter im Stall. Dann werden sie in einem Schlachthof geschlachtet, und wir verkaufen das Fleisch."

Gefragt, ob Milch und Fleisch ausreichen, um die Bauernfamilie zu ernähren, erklärt Fabi eine weitere wichtige Einkunftsquelle: „Nein, wir haben ja noch den Wald." Es sind rund 70 Hektar Mischwald, neben den 13 Hektar Wiesen, die den Globhof ausmachen. Bauer Temmel: „Es ist ganz wichtig, dass wir hier nicht nur Fichten stehen haben, das Klima ändert sich, und ein Mischwald ist viel widerstandsfähiger, wenn es wärmer wird."

Im Frühjahr und Herbst werden junge Bäumchen ausgepflanzt, die Holzarbeit findet vor allem im Winter statt. Dann sucht der Bauer einzelne, große Bäume zum Fällen heraus. Fabi weiß schon, was dann mit dem Holz passiert: „Die schönen Stämme werden zu Möbeln, die weniger schönen werden später verheizt." Die Kinder sind auch bei der Waldarbeit dabei, sammeln etwa die ausgeputzten Äste auf. „Aber nicht alle", erzählt Viki. „Ganz kleine Äste müssen im Wald bleiben, als Dünger für die jungen Bäume." Fabi: „Es ist steil und der Schnee kann schon hoch sein. Man darf nicht allzu große Schuhe anhaben, sonst kriegt man schnell ordentliche Blasen." Gefragt, ob sie gerne mitarbeiten, sagen beide Kinder fast gleichzeitig: „Manchmal ja, manchmal eher nicht."

Dabei haben sie ohnehin schon ihren eigenen langen Tag. Um halb sechs stehen sie auf, sie müssen den Schulbus um halb sieben erwischen, der sie vom Berg hinunter ins 18 Kilometer entfernte Eibiswald bringt. Fabi besucht dort die vierte Klasse der Neuen Mittelschule, Viki die zweite, beide einen musikalischen Zweig. Zuhause sind sie erst gegen drei Uhr am Nachmittag. „Und wenn sie gegessen haben und ein paar Aufgaben machen, wird es im Winter schon wieder finster", erzählt ihr Vater. „Da kann ich dann oft gar nicht mehr sagen, helft mir am Hof."

Denn Arbeit gibt es immer genug. Der Globhof ist der einzige Vollerwerbsbetrieb im 300-Einwohner-Dorf Soboth. Alle anderen Bauern verdienen sich schon anderswo etwas dazu. Franz Temmel: „Wir machen es halt intensiver, es geht sich aus, und es gibt nichts Schöneres, als wenn ich meinen eigenen Arbeitsplatz hier habe." Auch die Kinder möchten nicht in der Stadt leben, „wo man wegen dem Verkehr nicht überall spielen kann" (Viki). Da hilft sie dann gerne mit beim Kartoffelpflanzen oder -ernten. „Bis vor zwei Jahren haben wir das noch mit einem Pferd gemacht, aber das war schon alt und ist gestorben", erzählt sie. „Es hat unserem Nachbarn gehört, und er hat sich dann kein neues mehr gekauft. Jetzt nehmen wir halt den alten Traktor vom Opa." Die Kartoffeln sind nicht nur für die eigenen Küche, sie werden auch verkauft. Dann gibt es noch den Gemüsegarten voller Kürbisse,

Die Bergbauernfamilie Temmel in ihrem Obstgarten auf 1.000 Meter Seehöhe: Sie produzieren Milch und Fleisch das ganze Jahr über, dazu kommt die schwere Holzarbeit im Winter.

Erbsen, Karotten und Salat, aber der dient nur dem Eigenbedarf. Auch die beiden Schweine im Stall und die zwei Hasen füttern die Temmels nicht für den Markt. Nur weißes Kraut verkaufen sie noch, von einem Acker nicht weit vom Haus.

Mit den Maschinen auf dem Hof sind Fabi und Viki gut vertraut. Er rangiert den Traktor mit dem angehängten Milchtankwagen schon sehr routiniert rückwärts in die Scheune. Und auch Viki kann den Traktor bereits fahren. Denn man braucht die Maschinen auch für die Rinderhaltung. Das Klima ist rauh hier heroben, die Winter lang und kalt. Etwa ein halbes Jahr muss das Vieh im Stall gefüttert werden: mit Heu, das man im Sommer mäht oder mit Silofutter, das in der warmen Jahreszeit in riesige weiße Kunststoffballen eingepackt wurde.

Vor der schweren Arbeit am Bauernhof haben die Kinder auch künftig keine Angst. Fabi freut sich jetzt erst einmal darauf, im nächsten Jahr unter der Woche ins Internat nach Stainz zu übersiedeln. Dort wird er die dreijährige Fachschule für Land- und Forstwirtschaft besuchen. „Und dann muss ich erst um halb acht aufstehen, weil die Schule gleich neben dem Internat ist." Aber auf jeden Fall möchte er später einmal den Hof übernehmen. Viki zögert keinen Moment, als er das sagt: „Das will ich auch."

Autofabriken rund um uns

IN DEN OSTEUROPÄISCHEN NACHBARLÄNDERN ÖSTERREICHS GIBT ES EINE REIHE GROSSER AUTOMOBILWERKE – VON AUDI UND PEUGEOT, VON KIA UND HYUNDAI, VON RENAULT UND BMW, ŠKODA, FIAT, MERCEDES UND VOLKSWAGEN.

Auch in modernen Automobilfabriken lässt sich nicht alles automatisieren: Hier bauen zwei Arbeiter das Kabrioverdeck ein.

Natürlich machen Sportwagen neugierig. Bubentraum heißt es oft etwas abwertend, und gemeint sind auch die Väter. Aber hier drängeln sich nicht nur Gruppen männlicher Jugendlicher aufgeregt schnatternd vor dem Besucherzentrum von Audi Hungaria. Die Mädchen kennen sich genauso gut aus mit den TT-Coupés, mit den schicken offenen A 3-Cabrios oder den hochgezüchteten RS 3-Sportlimousinen. „Betriebsbesichtigung", lächelt eine der Empfangsdamen entschuldigend einem Manager zu, der sich gerade für einen Termin in der Verwaltung anmeldet. Als er fragt, ob das hier jeden Tag so sei, nickt sie nur knapp.

Im ungarischen Győr betreibt Audi das größte Motorenwerk der Welt – zwei Millionen Aggregate pro Jahr.

Es hat gute Gründe, dass Audi Ungarn sich so intensiv um die nächste Generation bemüht. Denn der lokale Ableger des VW-Konzerns braucht laufend qualifizierten Nachwuchs. Hier ist schon seit Jahren Wachstum angesagt, und zwar kräftiges. Der Pressesprecher von Audi Ungarn, Peter Löre, erzählt, dass das Werk immerhin 10.000 Mitarbeiter zählt. Audi Hungaria ist erst etwas mehr als 20 Jahre alt, und begonnen hat die Fabrik deutlich bescheidener. Doch eigentlich sind es ja zwei Werke Tür an Tür.

Im Februar 1993 begann hier in Győr, etwa 120 Kilometer östlich von Wien in Richtung Budapest, die Internationalisierung der Nobelmarke von Volkswagen. Audi war bis dahin rein deutsch gewesen, nun investierte der Konzern in einem osteuropäischen Land. Und es begann mit einer verhältnismäßig kleinen Motorenproduktion. Am Anfang montierten hier 750 ungarische Mitarbeiter unter Anleitung einiger deutsche Ingenieure Vierzylinder-Motoren, 700 pro Tag. Aber schon diese wurden nicht nur in Audis eingebaut, sondern bereits in Fahrzeuge anderer Marken des Konzerns, in VWs oder Škodas.

Das Wachstum seither war dramatisch. Heute ist alleine die Motorenfertigung in Győr die größte der Welt. Die Produktionszahlen erreichen fast jedes Jahr die Zwei-Millionen-Grenze. Derzeit laufen 240 unterschiedliche Triebwerke und Varianten

Lackiert wird heute ausschließlich von Robotern: Sie bringen den Lack in die feinsten Spalten der Karosserie, und sie sind auch nicht empfindlich, was Dämpfe betrifft.

vom Band – vom sparsamen Vierzylinder-Diesel bis zu mächtigen Acht-, Zehn- oder Zwölfzylindern, die dann in Luxus-SUVs wie dem Audi Q 7, in Bentleys oder Audi A 8 eingebaut werden. Und das Werk liefert seine Triebwerke nicht mehr nur zu seinen Werken in Deutschland und Tschechien, sondern längst auch schon in ferne Fabriken in Mexiko oder China. Denn Volkswagen ist ein globaler Konzern.

Aber die Jugendlichen sind nicht nur hierhergekommen, um zu sehen, wie Motoren von mehreren Bändern laufen. Viel interessanter ist für sie die Montagelinie für ganze Autos. Audi Györ kann dazu Feines bieten: schnittige Sportlimousinen vom Typ A3, aber vor allem jene 2-Sitzer, die den Porsches aus dem VW-Konzern am nächsten kommen: die TTs.

Doch bis am Ende der Fertigungsstraße ein junger Ungar oder eine weibliche Kollegin die Autos erstmals mit eigener Motorkraft aus der Halle heraus bewegt, hat sich hier viel getan. Es beginnt im Presswerk, wo mächtige Pressen unter hohem Druck aus endlos langen Metallbändern die einzelnen Karosserieteile formen. Dann schweißen Roboter diese zu schon erkennbaren Automobilen zusammen – freilich noch ohne Türen, Kofferraumdeckel und Motorhaube. Die nächste Station ist die Lackiererei, und auch hier sind wieder mehr Roboter an der Arbeit denn Menschen – schließlich stören diese die Lackdämpfe und feinen Pulverkörnchen weit weniger.

Hochzeit im Kia-Werk im slowakischen Zilina. So nennt man das Zusammenführen von Karosserie und Motor.

Auf mehreren langen Bändern werden dann die Autos Schritt für Schritt mit allen Einbau- und Anbauteilen versehen. Als eine Art elektronisches Rückgrat dient dabei der Kabelbaum, und dieser hat den Namen nicht von ungefähr. Denn einem Baum mit Stamm und Ästen durchaus ähnlich verbinden zahlreiche bunte Stromleitungen - insgesamt mehrere Kilometer lang – die einzelnen elektrischen Geräte des Fahrzeugs, oder auch andere Baugruppen, die elektrisch verknüpft sind. Das reicht von den Lichtern bis zum künftigen Autoradio, vom Motorsteuergerät bis zu den Sensoren fürs ABS an den Bremsen, von den Temperaturfühlern am Motor bis zu den Schaltern für das Schiebedach.

Wenn dieser Kabelbaum einmal mit all seinen feinen Verästelungen an seinem Platz ist, beginnt der Einbau dieser Baugruppen. Der spektakuläre Höhepunkt an einem Automobil-Montageband nennt sich Hochzeit. Da wird der Motor mit der Karosserie „verheiratet", aber da der Motor sehr schwer ist, hilft den Arbeitern dabei eine Art Kran und hebt ihn empor, damit sie ihn anschrauben können.

Dann folgt die Innenausstattung: vom Armaturenbrett bis zu den Teppichen, von den Lautsprechern für die Stereoanlage bis zu den Sitzen und zum Dachhimmel. Es sind

Am Ende der Montagestraße wird noch einmal jedes Auto sorgfältig geprüft.

nicht immer dieselben Arbeiterinnen und Arbeiter, die diese einzelnen Schritte betreuen. Die Fahrzeuge bewegen sich auf dem Band langsam weiter, und jede Arbeitsgruppe ist für ihre jeweils bestimmten Einbauten verantwortlich, dann übernimmt die nächste. Über den Köpfen der Monteure leuchten bunte Schalttafeln mit Ziffern, diese zeigen an, ob die geplanten Stückzahlen erreicht sind, oder ob man nachhinkt, weil Teile gefehlt haben, oder weil jemand länger gebraucht hat als vorgesehen. Für den Notfall stehen dann ganz am Ende noch eigene Teams bereit, um mögliche Fehler auszubessern.

Audi im ungarischen Györ ist nicht die einzige Automobilfabrik nahe den österreichischen Grenzen. Seit dem Ende des Kommunismus und dem Fall des Eisernen Vorhangs haben zahlreiche internationale Konzerne in der Region investiert. Einerseits brauchte man zusätzliche Werke, um für die neuen Konsumenten der nun wieder kapitalistischen Länder größere Stückzahlen zu bauen. Darüber hinaus lockte das niedrigere Lohnniveau der Ungarn, Tschechen, Slowaken und Polen. Denn die Gehälter in der Automobilindustrie waren in München, Stuttgart, Paris und Mailand schon recht hoch.

Daher finden sich heute in Ostmitteleuropa zahlreiche – meist ganz moderne – Automobilwerke. In Ungarn gibt es etwa neben dem von Audi noch eines von Mercedes und eines von Suzuki; in der Slowakei produzieren Volkswagen und die französische PSA Group (Citroën und Peugeot) sowie KIA aus Korea; in Tschechien hat Volkswagen die einst staatlichen Škodawerke übernommen und enorm ausgebaut, überdies fertigen dort noch Hyundai, Toyota und ebenfalls die Franzosen von PSA; aus Polen kommen Opel Astras oder Kleinwagen von Ford, Fiat und Lancia; in Slowenien, in einem der wenigen Werke, das schon im alten Jugoslawien bestanden hatte, baut man Renaults und Smarts.

Und Österreich? Zwar hat Österreich heute keine eigene Automarke mehr. Einst gab es eine Vielzahl: von Lohner bis Austro-Daimler, von Steyr bis Perl. Doch nach dem Krieg hatte nur mehr eine Marke überlebt: Steyr-Daimler-Puch. Und der winzige Puch 500 wurde in Österreich zu einem Symbol des Wiederaufbaus der 50er Jahre, ähnlich dem VW-Käfer in Deutschland. Aber er bekam keinen Nachfolger, das Puch-Werk in Graz spezialisierte sich auf Allradantrieb und auf militärische Fahrzeuge. Doch daraus sollte später ein Erfolg werden.

Der kastenförmige Geländewagen Puch G wird mittlerweile seit mehr als 35 Jahren erzeugt, in einer Kooperation mit Mercedes. Er läuft auch in vielen Ländern mit dem Stern auf der Motorhaube. Dann begann man in Graz, für unterschiedliche Konzerne Autos zusammenzubauen, entweder weil sie Allradkomponenten enthielten, oder weil die Serien zu klein waren für die mächtigen Werke der jeweiligen Auftraggeber. Das konnten ganz unterschiedliche Fahrzeuge sein, erst waren es etwa VW-Transporter und Mercedes E-Limousinen. Später, seit das Werk dem kanadischen Konzern Magna von Frank Stronach gehört, kamen dazu etwa BMW X3-SUVs oder Saab-Cabrios, dann elegante Aston Martin-Sportlimousinen oder schnelle Peugeot 2-Sitzer. Momentan dominiert der Zusammenbau von vierradgetriebenen Minis das Werk, aber die Kunden ändern sich alle paar Jahre.

Die Grazer Manager laden vor allem Schüler aus technischen Schulzweigen ein, ihr Werk zu besuchen. Die Ungarn sind da nicht so wählerisch. Wer sich rechtzeitig anmeldet und einen symbolischen kleinen Betrag zahlt, kann in die Welt der Autobauer hineinschnuppern.

Ein Auto, viele Lieferanten

Die gesamte Automobilindustrie wäre ohne Zulieferer nicht mehr denkbar.

Am Beispiel Audi-Motorenwerk hat man schon sehen können: Nicht überall, wo VW draufsteht, ist nur VW drin. Es kann durchaus ein Motor von Audi sein, den der Konzern von einer Marke in die andere liefern lässt. Aber die Zulieferindustrie ist heute viel breiter aufgestellt. Ohne sie ließe sich kein Auto mehr bauen.

Denn die Konzerne wie BMW, Mercedes oder GM konzentrieren sich zunehmend auf bestimmte Kernkompetenzen, wie sie das nennen. Sie entwickeln die Fahrzeuge, bauen sie zusammen und fertigen selbst nur mehr bestimmte Schlüsselkomponenten, etwa die Motoren, in eigenen Fabriken. Eine Vielzahl weiterer Teile wird von anderen Unternehmen – auch oft globalen Firmengruppen – zugeliefert. Manche kennt man, weil sie auch Konsumgüter anbieten, etwa Bosch, von dem man Bohrmaschinen kaufen kann. An der Tankstelle gibt es Wischerblätter oder Batterien von Bosch, aber im Auto stecken von diesem Unternehmen zahlreiche Schalter oder sogar die so genannte Motronic, also die wichtige Motorensteuerung, und das in Autos unterschiedlicher Marken. Continental lesen wir auf manchen Reifen, aber der Konzern baut längst ganze Bremsen und andere Baugruppen. Magna, das in Graz Autos vom Band laufen lässt, liefert an andere Autokonzerne etwa Spiegel, Getriebe oder Blech-Pressteile. Weltweit gehört Magna zu den größten Zulieferkonzernen, andere sind etwa Delta, das eine Nähe zum GM-Konzern hat, oder Magneti Marelli aus dem Umkreis von Fiat. Bekannt sind auch der Sitzehersteller Recaro, der auch an die Flugzeugindustrie liefert, oder Knorr Bremse, das wiederum für Eisenbahnhersteller arbeitet.

Entwickelt und geforscht wird überdies in Unternehmen, die selbst kein eigenes Auto bauen. AVL List ist ein erfolgreiches Grazer Ingenieurbüro, das sich auf Motorenentwicklung spezialisiert hat. Die erste Generation von Turbodieseln in Limousinen entstand hier, heute arbeitet AVL an Hybrid-Antrieben und betreibt Stützpunkte rund um den Erdball, unter anderem zwei Entwicklungszentren in China. In Wien entwickeln Ingenieure von TTTech, ehemalige Wissenschaftler der TU, superschnelle elektronische Netze für Flugzeuge und Autos. Diese steuern etwa die Zusammenarbeit von Benzin- und Elektromotoren bei Hybrid-Allradlern. In winzigen Bruchteilen von Sekunden.

Globale Sportschuhe

NIKE IST EINE WIRKLICHE WELTMARKE –
VOM DESIGN ÜBER DIE PRODUKTION BIS ZUM VERKAUF.

Nike-Modelle in einem Sportgeschäft in Wien:
Weltweit arbeitet eine Million Menschen für die Marke.

Eigentlich war Nike spät dran. Als der Gründer des Unternehmens Phil Night Ende der 60er Jahre im Nordwesten der USA seine ersten Sportschuhe aus Japan importierte, waren die deutschen Marken Adidas und Puma schon international bekannt. Und doch sollte es nur wenige Jahrzehnte dauern, bis Nike die unumstrittene Nummer eins der Welt im Sportartikelgeschäft werden konnte.

Im Jahr 2015 erzielten die Amerikaner einen globalen Umsatz von 25 Milliarden Euro, Adidas folgte mit einigem Respektabstand als Nummer zwei mit knapp 17 Milliarden. Andere Marken wie Puma, New Balance oder Asics können da schon längst nicht mehr mithalten. Freilich erreicht man solche enormen Zahlen nicht mit Lauf-, Tennis- und Fußballschuhen allein. Dazu gehört natürlich ebenso der Verkauf von Trainingsanzügen und Funktionsshirts, Sportbrillen und Kindermode, Skiern und Golfschlägern. Und noch weitere, zusätzliche Brands, die neben dem jeweiligen Flugzeugträger schwimmen wie kleine Fregatten:

Nike besitzt unter anderem die modische US-Sportschuhfirma Converse, den Eishockey-Ausstatter Bauer oder den ebenfalls amerikanischen Hersteller eleganter Damen- und Herrenschuhe Cole Haan. Adidas wiederum kaufte sich mit der Übernahme von Reebok vor etwa zehn Jahren groß in den US-Markt ein, um Nike zu Hause Konkurrenz zu machen. Beide Gruppen zahlten aber auch Lehrgeld: Nike trennte sich nach ein paar Jahren wieder vom britischen Sportartikelerzeuger Umbro, Adidas verkaufte die verlustreiche französische Wintersport-Tochter Salomon ebenfalls weiter.

Wie konnte Nike so schnell von einer kleinen Importfirma zum Weltkonzern wachsen? Auch wenn die Anfänge reichlich chaotisch waren, wie das „Manager Magazin" einmal berichtete, so machten Knight und sein Team doch vieles richtig, teils intuitiv, teils mit neuen, kühnen Plänen. Der erste Schritt war jener vom Importeur zum Anbieter einer eigenen Marke. Das war in der Nike-Geschichte der weiße Laufschuh Cortez mit dem roten „Swoosh", dem Nike-Haken Anfang der 70er Jahre. Der gilt heute schon längst als modischer Klassiker. Dann drehten die Nike-Chefs gleichzeitig an mehreren Rädern: Auf der einen Seite setzten sie auf neue Technologien, etwa die gedämpfte Laufsohle, und Nike Air zählt wohl in der Geschichte der Sportartikel zu den bekanntesten Innovationen. Aber weiterhin wird intensiv geforscht, werden neue Materialien und Verarbeitungen eingeführt. Angeblich meldet Nike jährlich mehr als 150 eigene Patente an.

Auf der anderen Seite – jener des Marketing – begann Nike zwar mit seinem Angebot an Läufer – das Joggen wurde gerade populär. Aber die Marke wurde auch schnell in mehreren anderen Sportarten erfolg-

Nike-Konzernzentrale in den USA, im nordwestlichen Bundesstaat Oregon. Hier wird geforscht, entwickelt, entworfen – für die weltweite Produktion.

reich. Ihr erster wirklicher Superstar, der Basketballspieler Michael Jordan, schlug nicht nur auf dem US-Markt ein – die Verbindung seines Namens mit der Sohlentechnologie führte einem der erfolgreichsten Schuhmodelle überhaupt: „Air Jordan". Und diese wurden nicht bloß auf den Basketball Courts getragen, sondern fanden ihren Weg schnell erst in die schwarzen Viertel der US-Großstädte, und dann zu modebewussten Amerikanern aller Schichten und Hautfarben.

Als man Defizite beim Fußball erkannte – dieser Sport spielte in den USA keine wirklich große Rolle, war aber für Export-

Nike-Ausstattung des Autors: nicht bloß Laufschuhe, sondern auch Trainingshosen, Laufshirts und ein Fußballtrikot aus Mexiko.

märkte extrem wichtig –, sponserte Nike zuerst einmal das brasilianische Team. Andere, ebenso prominente sollten folgen. Für diese Werbung fließt sehr viel Geld. Drei Beispiele: Fünf Millionen Dollar pro Jahr soll schon am Anfang seiner Karriere der damals noch recht unbekannte Golfspieler Tiger Woods bekommen haben. Nach Medienberichten verdient heute der portugiesische Weltklasse-Stürmer Christiano Ronaldo jährlich zehn Millionen Dollar für seine Nike-Promotion. Eine ähnliche Summe kassiert angeblich auch der Schweizer Tennisstar Roger Federer.

Nicht zuletzt wegen hoher Werbebudgets gelang es den Amerikanern, international kräftig zu wachsen. Und sie bedienen gleichzeitig die unterschiedlichsten Märkte und Preissegmente. Es gibt nebeneinander Spitzenschuhe für Top-Athleten um mehr als 300 Dollar wie auch simple Freizeitschuhe, die bei Walmart in den USA 20 Dollar, bei Deichmann in Europa 39 Euro kosten. Und Nike betreibt parallel sowohl elegante Flagship Stores wie günstige eigene Shops in Outlet-Centers. Die Marke ist mittlerweile so stark, dass sie all das aushält.

Nike ging von Anfang an auch einen eigenen Weg, was die Produktion und die Globalisierung anging. Man betrieb nie eigene Fabriken. Die Amerikaner kauften schon immer ihre Sportschuhe, Laufshirts und Trainingsanzüge bei unterschiedlichen Lieferanten in Fernost ein. Mittlerweile machen das auch die deutschen Konkurrenten Adidas und Puma, aber sie hatten noch lange in ihren eigenen Werken in Europa produziert, damit auch das günstige Preisniveau von Nike nicht erreichen können.

Mit diesen Lieferanten erzielte Nike wohl niedrige Kosten, handelte sich aber auch genug menschliche Probleme ein. Denn nicht alle Zulieferer hielten sich an humane Mindeststandards: Da war von Kinderarbeit die Rede und von brutaler Ausbeutung, die Vorwürfe wurden zeitweise massiv. Nike musste reagieren, schickte seine eigenen Inspektoren in die Fabriken der Lieferanten, schloss auch die ärgsten Übeltäter aus. Heute publiziert der Konzern hoch professionelle Berichte über seine Umwelt- und Sozialstandards, wenn auch die Kritiker noch nicht ganz schweigen.

Der „globale Fußabdruck" von Nike hat Gewicht: Zu den eigenen 48.000 Beschäftigten des Konzerns rund um den Erdball kommt noch einmal rund eine Million Frauen und Männer, die als Arbeitskräfte bei 785 Vertragslieferanten Schuhe zusammenkleben oder Laufhosen nähen. Mehr als 500.000 unterschiedliche Produkte werden von ihnen erzeugt.

Dabei erhalten die Arbeiter nur den geringsten Teil des Ladenpreises, den ein Konsument in Europa oder Amerika bezahlt. Die Universität Hohenheim hat das mit Material der internationalen Clean Clothes Campaign ausgerechnet: Vom Kaufpreis eines 120 Euro teuren Sportschuhs bleiben gerade einmal 2,50 Euro bei den Produktionsarbeitern, verglichen mit 26 Euro beim Markenkonzern – für Entwicklung, Design und Marketing. Den größten Anteil macht der Einzelhandel aus, mit 45 Euro – für Verkauf und Werbung. Die globale Ungleichheit wird also in einem populären Produkt wie einem Sportschuh so offensichtlich wie kaum anderswo.

Gratis gibt's nicht

OB BEI DER TELEKOM ODER IM INTERNET,
BEZAHLT WIRD IMMER, MIT GELD ODER MIT DATEN

WhatsApp-Werbung am Bildschirm: Ein riesiges Angebot, das weit über das bloße Telefonieren und Chatten hinausgeht.

„Ich habe nichts zu verschenken." Mit diesem Spruch hat Niki Lauda für eine Bank geworben. Und wenn auch der ehemalige Formel Eins-Weltmeister und Besitzer mehrerer Fluglinien dabei ein wenig mit seinem Image als Sparfuchs spielte – ganz unrecht hatte er nicht mit seiner Ansage. Welches Unternehmen hat Waren oder Dienstleistungen zu verschenken, auch wenn das Wort „gratis" mit schöner Regelmäßigkeit auftaucht?

Es fängt schon beim Mobilfunk an. Kaum ein Telekom-Unternehmen verzichtet auf die Werbung mit dem „Gratis-Handy". Ein kurzer Preisvergleich zeigt dann allerdings schnell, dass der Kunde das Smartphone natürlich abstottert – mit höheren Tarifen und einer Bindung für eine bestimmte Laufzeit. Hätte er oder sie das Telefon selbst bezahlt, wäre die monatliche Belastung deutlich niedriger geblieben.

Die scheinbare Gratis-Kultur ist im Web noch viel weiter verbreitet. Es gibt zahlreiche Apps – von Spielen bis zu unterschiedlichsten Anwendungen –, die der Kunde zunächst einmal ohne Bezahlen herunterladen kann. Beim ersten Nutzen wird dann schnell klar: Gratis gilt oft nur für kurze Zeit, zum Ausprobieren, dann muss man zahlen. Oder aber nur eine einfache Grundversion kostet nichts, will man mehr Leistung oder eine vernünftige Ausstattung, kostet es, und der Zähler beginnt zu laufen.

Solche Modelle – Gratis-Einstieg und kostenpflichtige Profi-Nutzung – sind durchaus üblich. Und viele Unternehmen zeigen dies auch seriös und offen. Nehmen wir etwa die populäre Präsentations-Software des ungarischen Start-ups Prezi. Sie wird millionenfach benutzt, in zahlreichen Ländern der Welt. Und Schüler wie Studenten können dies auch ohne Kosten tun, für ihre Referate, Seminararbeiten oder Dokumentationen. Prezi sagt allerdings, dass von jeder dieser Nutzungen eine Kopie an den Server des Unternehmens geht, dass sie also quasi öffentlich erfolgt. Möchte jemand die Software für eine Präsentation im eigenen Unternehmen nutzen, die Zahlen seiner Firma aber nicht Fremden offenlegen, muss er eine höherwertige Variante kaufen. Ádám Somlai-Fischer, einer der Gründer von Prezi: „Wer Geheimnisse hat, hat auch Geld."

Wer kein Geld hat oder es nicht ausgeben will, verfügt aber immer noch über eine andere Währung: Daten. Und diese sind heute so viel wert, dass man eine ganze Reihe von Leistungen im Web nutzen kann, ohne zu bezahlen, ohne mit Geld zu bezahlen. Ob Facebook oder Instagram, Twitter oder WhatsApp: Nach früheren Tarifmodellen, etwa der Post oder von privaten Clubs wäre das ganz schön ins Geld gegangen: Mitgliedschaft, posten, chatten, Fotos und Filmchen anschauen, den Kontakt mit Freunden rund um den Erdball halten – all das gibt es, ohne dass Geld fließt.

Ádám Somlai-Fischer, Gründer der Präsentations-Software Prezi in Budapest: „Wer Geheimnisse hat, hat auch Geld."

Aber die Nutzer zahlen in einer anderen Währung. Sie überlassen den Internet-Dienstleistern ihre Daten: was sie im Google suchen, von den neuesten Filmen bis zu den Angeboten für ein Skiwochenende; vom Kamera-Test bis zu einfachen Kochrezepten; vom Marktüberblick bei Laufschuhen bis zu Anfragen bei Gesundheitsproblemen. Diese Daten sind äußerst wertvoll. Denn seit man sie mit leistungsfähigen Rechnern wirklich umfassend verarbeiten kann (Stichwort: „Big Data"), lassen sich mit ihnen Profile von Kunden erstellen, die man daher gezielt ansprechen kann. Beim nächsten Surfen taucht dann zufällig ein rezeptfreies Medikament auf, ein Angebot zum Gletscherskifahren oder ein neues Modell einer Digitalkamera.

Das mag im Einzelfall noch ein wenig plump sein und manchmal auch lästig werden, aber die Reise geht eindeutig in Richtung gläserner Konsument. Manche wehren sich mit so genannten Ad-Blockern, also Apps, die Werbung gezielt unterdrücken. Andere surfen mit Hilfe von zwischengeschalteten anonymen Adressen, damit ihre Web-Suche nicht nachvollzogen wer-

Die Navigations-App Waze steuert schon längst im Auftrag des Web-Giganten Google.

den kann. Doch die Mehrheit der User gibt die Daten freiwillig her – solange sie weiter gratis im Web reisen können.

Wie wertvoll diese Daten im Big Business sind, zeigen zwei Beispiele. Im Jahr 2014 hat Facebook immerhin 19 Milliarden Dollar für den Kommunikationsdienstleister WhatsApp bezahlt. Zwar flossen „nur" vier Milliarden bar, der Rest wurde über Aktientausch abgewickelt. Aber 19 Milliarden Dollar Kaufsumme für ein Unternehmen, das gerade einmal fünf Jahre alt war und etwas mehr als 50 Mitarbeiter hatte? Wo liegt der Wert? Eben in den Daten: Facebook hatte das Problem, dass seine Nutzer immer älter wurden, dass die Gefahr bestand, die jüngeren Web-Surfer zu verlieren. WhatsApp bringt diese – und noch dazu bereits in einer noch einmal neueren, und zukunftsträchtigeren Welt, jener der Smartphones. Jetzt kann Facebook den WhatsApp-Usern über die Schulter blicken und seinen großen Anzeigenkunden entsprechend gute Angebote machen.

Aber auch die Konkurrenz blieb nicht untätig. Fast zur selben Zeit kaufte Google das israelische Unternehmen Waze. Offiziell wurde kein Kaufpreis genannt, aber es dürfte mehr als eine Milliarde Dollar gewesen sein. Waze ist eine Navigations-App, bei der die Nutzer ständig ihre aktuellen Erfahrungen mit dem Verkehr einbringen, also wo es Staus gibt, wie man am besten ausweicht etc. Damit ist die App äußerst präzise, denn sie verarbeitet viel mehr derartige Meldungen als die Ö3-Anrufer mit ihren Verkehrsmeldungen einbringen. Und solche Informationsnetzwerke sind für einen globalen Internet-Konzern äußerst interessant. Denn auch hier geht es um mobile Nutzer, die man noch dazu punktgenau ansprechen kann, etwa bei einem Stau darauf hinweisen, welche Aktionen ein nahe gelegenes Einkaufszentrum bietet, wo man dann in Ruhe das Ende des Stop and go abwarten kann – und entsprechend Geld ausgibt.

Wie persönlich und intim derartige Informationen sein können, die „Big Data" errechnet, zeigt ein Beispiel aus den USA. Dabei ging es um eine Kundenkarte der Supermarktkette Target. Diese hatte einer Mittelschülerin Gutscheine für ein Baby-Paket geschickt, worauf deren Vater empört reagierte und das Management beschimpfte. Einige Tage später entschuldigte er sich, seine Tochter war tatsächlich schwanger, nur er hatte es nicht gewusst. Die systematische Auswertung von Kundendaten hatte Target Folgendes gezeigt: In bestimmten Schwangerschaftswochen beginnen die jungen Frauen umparfümierte Seifen zu kaufen, kurz danach verstärkt Vitaminpräparate. So wussten sie früher Bescheid als der Vater.

Gratis Zeitung lesen

Die Gratiskultur hat auch die Medien längst erfasst. Und die alteingesessenen Zeitungen tun sich schwer damit – sowohl mit den U-Bahn-Blättern, die nichts kosten, als auch mit den Websites, auf denen man zwar nicht den ganzen Zeitungsinhalt lesen kann, aber zumindest die Headlines und ein paar interessante Stories. Wohl gibt es auf den Zeitungs-Websites Werbung, aber diese konnte bisher nicht den Werbeausfall in den gedruckten Medien wettmachen. Denn ganze wichtige Branchen sind mit ihren Angeboten aus den Zeitungen ins Web gewandert: Gebrauchtwagen, Wohnungen, Jobs.

Um diese Bedrohung zu überleben, haben die Zeitungen eine Doppelstrategie gewählt: Einerseits sparen sie und versuchen, mit weniger Journalisten auszukommen. Anderseits verlangen sie im Web Geld, sei es für Abos oder für einzelne Artikel. Bisher waren beide Strategien nicht wirklich erfolgreich. Aber es sollte jedem interessierten Leser klar sein, dass es qualitätsvollen Journalismus, der über Häppchen, PR und Schleichwerbung hinausgeht, nicht umsonst geben kann. Gute Journalisten brauchen Zeit zum Recherchieren. Und sie müssen ordentlich verdienen, um unabhängig ihrer Arbeit nachgehen zu können.

Apropos unabhängig: Gute Zeitungen zeichnen sich dadurch aus, dass redaktioneller Inhalt und Werbung voneinander getrennt sind. Die Zeitung berichtet, der Inserent schaltet seine Anzeige. Dieses Prinzip gilt im Internet so längst nicht mehr. Da finden sich zahlreiche Blogger, sei es im Bereich Mode, Lifestyle oder Essen, die ungeniert Schleichwerbung betreiben, dies aber nicht zeigen. Unter ihnen gibt es ganze Fabriken zur Produktion von scheinbar freundlichen Tipps, die in Wahrheit sämtlich von Modelabels oder Handelskonzernen bezahlt sind.

Was kann der Staat tun gegen Arbeitslosigkeit?

IMMER MEHR ÖSTERREICHER HABEN KEINEN JOB.
GIBT ES REZEPTE DAGEGEN?

Manche Arbeiten müssen einfach gemacht werden, egal wie die Konjunktur läuft: hier etwa die umfassende Wartung einer Raffinerie.

Der Staat kann die Wirtschaft ankurbeln, indem er in die Infrastruktur investiert: Arbeiter im Koralmtunnel zwischen der Steiermark und Kärnten.

In den letzten Jahren ist auch in Österreich die Zahl der Arbeitslosen gestiegen. Im Winter, wenn ein Großteil der Baustellen ruht, waren es zuletzt rund 500.000. Im europäischen Vergleich hat damit Österreich seine einstige Spitzenposition verloren und ist ins schwache Mittelfeld zurückgefallen.

Was kann der Staat dagegen tun? Die einfachste Lösung schiene, er soll die Menschen einfach selbst anstellen. Aber das geht nicht so leicht: Schon bei den jetzigen Beamten sollte eigentlich eingespart werden, die überbordende Bürokratie gehört durchforstet. Überdies kann auch eine moderne Verwaltung mit Einsatz von Technologie schlanker werden: Finanzonline lässt die Steuerzahler heute schon direkt ihre Erklärungen einbringen. Es gibt Magistratische Bezirksämter oder Bezirkshauptmannschaften, die bereits eine Reihe von öffentlichen Dienstleistungen elektronisch abwickeln lassen. Und dieser Trend wird sich fortsetzen, sogar beschleunigen.

Auch die Aufnahme von Arbeitslosen in Staatsbetriebe funktioniert nicht mehr so wie einst. Erstens einmal hat der Staat nicht mehr viele eigene Unternehmen. Die meisten wurden privatisiert oder verkauft wie die voestalpine, die Austrian Airlines, die Amag oder Steyr Daimler Puch, heute Magna Steyr. Und auch bei jenen, an denen er noch einen Anteil hält, kann er nicht einfach die Beschäftigtenzahlen in die Höhe treiben. So notiert etwa die OMV an der Börse und hat damit auch internationale Mitbesitzer. Überdies muss sie sich in einem harten globalen Wettbewerb behaupten – gegen andere Energiekonzerne wie Shell, BP oder Gazprom. Mit einem überhöhten Personalstand wäre die Wettbewerbsfähigkeit schnell verloren.

Der Staat kann über öffentliche Aufträge Jobs in der Privatwirtschaft schaffen, etwa durch den Bau von Autobahnen, Eisenbahntunnels, Hallenbädern oder alpinen Kraftwerken. Diese Investitionen in die Infrastruktur sind auch meist sinnvoll, weil sie in künftigen Zeiten allen Nutzern Vorteile bringen: bessere Anbindung des ländlichen Raums an die Städte, schnellere Anschlüsse an die internationalen Märkte für die Industrie, günstige, zuverlässige Versorgung mit Energie.

Aber die Sache hat auch ihre Haken: Erstens sind nicht alle Investitionen sinnvoll und bringen später auch die erhofften Einnahmen. So wurden für manche Gemeinde die prestigeträchtigen Thermen zu echten Kostenfallen. Und was den allzu schnellen Ausbau von Verkehrsinfrastruktur angeht, braucht man nur nach Spanien zu schauen. Dort wurde ganz besonders kräftig in Regionalflughäfen und Hochgeschwindigkeitsbahnen investiert, die dann kaum jemand nutzte und von denen manche zu teuren Ruinen wurden.

Die meisten Jobs entstehen in der Privatwirtschaft: Frauen in einem Siemens-Werk in Wien.

Überdies ist bei solchen Großprojekten die Wirkung auf den Arbeitsmarkt heute viel geringer als einst. Die Wiener Höhenstraße wurde in den Zeiten der Wirtschaftskrise mit Pflastersteinen gebaut, dazu brauchte man viele Arbeiter. Heute graben sich hochtechnische riesige Bohrmaschinen durch die Alpen, betreut von wenigen spezialisierten Mineuren. Und der Staat hat nicht unbegrenzt Geld. Das Steuerniveau in Österreich ist schon recht hoch. Auch die Verschuldung eines reichen Staates lässt sich nicht unbegrenzt weiter in die Höhe treiben, sonst werden seine Kreditgeber nervös, verlangen höhere Zinsen oder geben ihm kein zusätzliches Geld mehr. Auf der anderen Seite würde schnelles, striktes Sparen sehr schnell zu einer weiteren Verschärfung der Krise führen. Die Folge: noch mehr Arbeitslose.

Der Staat muss also umsichtig agieren und zunächst einmal versuchen, die Arbeitslosen am privaten Arbeitsmarkt unterzubringen. Dazu dienen die zahlreichen Stellen des Arbeitsmarktservice AMS. Dort wird versucht, offene Stellen zu vermitteln, Jobsuchende mit schlechten Qualifikationen umzuschulen, ihnen in Kursen neues Wissen zu vermitteln. Denn die Statistik zeigt, dass die Gefahr, arbeitslos zu werden mit niedrigerer Ausbildung stark zunimmt. Überdies verändert sich die Wirtschaft: Schon in einst simplen Berufen wie bei Paketzustellern sind Minimalkenntnisse von IT nötig. Ob für Bankbeamte oder für Möbeltischler, die Elektronik wird immer wichtiger, von Internet-Kenntnissen ganz zu schweigen.

Aber auch diese Vermittlung und Umschulung stößt an ihre Grenzen. Denn wenn es insgesamt zu wenig Jobs gibt, können eben trotzdem nicht alle Arbeitssuchenden einen finden. Also müssen die Unternehmen dazu gebracht werden, zusätzliche Jobs zu schaffen. Das tun bestehende Firmen, wenn sie die Hoffnung haben, zusätzliche Aufträge zu bekommen, wenn sie die Chance sehen, neue Märkte mit neuen Produkten zu erobern. Diese Jobs können aber auch von neuen Unternehmen kommen, von Menschen, die sich selbständig machen, und dann beginnen Mitarbeiter einzustellen.

Dass das zu wenig geschieht, dafür machen die Unternehmer auch den Staat mit verantwortlich. Er verlange zu viele Auflagen, und manche von ihnen seien nicht sinnvoll. So macht etwa die Aufteilung Österreichs in neun Bundesländer mit neun Bauordnungen es für ein Unternehmen, das an mehreren Orten Niederlassungen betreibt, alles andere als einfach. Aber es ist nicht nur der Staat selbst, sondern auch andere Institutionen wirken hier bremsend. So hat Österreich etwa eine sehr strenge Gewerbeordnung. Bei jenen Liberalisierungen, die es in den letzten Jahren gab, sah man positive Auswirkungen, viele zusätzliche Unternehmensgründungen.

Wenn die Konsumenten mehr nachfragen, kann mehr produziert werden: Eine Sony-Fabrik für CDs, DVDs und Blu-Ray-Discs in Salzburg

Schlussendlich ist eine solide Ausbildung der gesamten Bevölkerung die beste Vorbereitung auf künftige Herausforderungen in der Wirtschaft. Es wird große Veränderungen in der Arbeitswelt geben: noch weitere, schnellere Rationalisierungen, einen noch einmal größeren Einfluss des Internet auf fast alle Bereiche des täglichen Lebens, eine noch engere Verknüpfung der analogen und der digitalen Welt. Ob Tourismus oder Landwirtschaft, ob mechanische Produktion oder medizinische Dienstleistungen: Die künftigen Arbeitskräfte in all diesen Sparten werden ohne Tablets, Clouds und Online-Aktivitäten nicht mehr auskommen. Und je besser sie für diese Welt gerüstet sind, desto höher sind ihre Chancen, persönlich und in der ganzen Gesellschaft. Aber das ist freilich kein Programm, das von heute auf morgen wirkt. Es muss sofort beginnen, damit es in der Zukunft wirken kann – und so vielen wie möglich eine gute Zukunft ermöglicht.

Der Himmel über den Alpen

ÖSTERREICHISCHE UNTERNEHMEN LIEFERN AN GLOBALE LUFTFAHRTKONZERNE UND ENTWICKELN SELBST LEICHTE FLUGZEUGE SOWIE UNBEMANNTE HUBSCHRAUBER.

Zwei zweimotorige Leichtflugzeuge von Diamond Aircraft aus Wiener Neustadt im Formationsflug.

Viel internationaler geht es kaum. Das Unternehmen FACC steht mit den Branchengrößten in der ganzen Welt in enger Beziehung: mit Airbus in Europa, mit Boeing in den USA, mit Bombardier in Kanada, mit Embraer in Brasilien, mit Sukhoi in Russland sowie mit der Aviation Industry Corporation of China. Die Chinesen sind auch die Besitzer des globalen Flugzeugzulieferers. Der Standort des Unternehmens bleibt allerdings fest regional verankert: mitten im urigen Innviertel, im oberösterreichischen Ried.

Winglet-Produktion bei FACC in Ried. Die Kunden der Oberösterreicher sind in den USA und in Kanada, in Brasilien, Russland und in China.

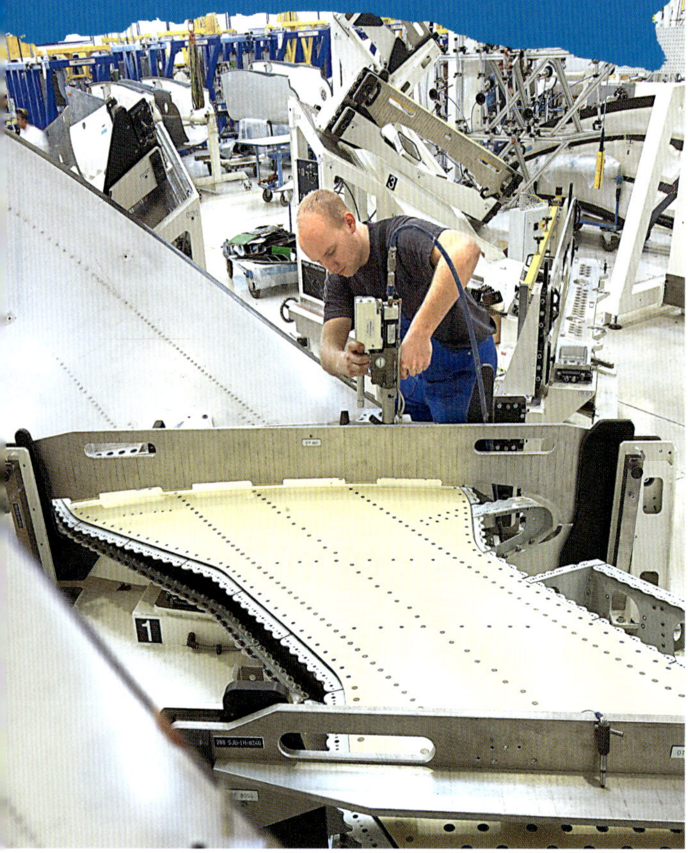

FACC kommt eigentlich aus einer ganz anderen Branche. Das Unternehmen war Ende der 80er Jahre aus dem Skiproduzenten Fischer hervorgegangen. Damals erkannten die Eigentümer, dass man die leichten, aber festen Kunststoff-Verbundwerkstoffe noch jenseits der Skipisten einsetzen könnte. FACC begann, sich auf Komponenten und Subsysteme für Flugzeuge zu spezialisieren. Das sind etwa Landeklappen für den Airbus 320, Winglets, also die aufgestellten Flügelspitzen für Jets unterschiedlicher Hersteller, Strukturbauteile am Rumpf, Triebwerkskomponenten oder komplette Passagierkabinen für zivile Verkehrsflugzeuge, Business Jets und Hubschrauber.

FACC setzt im Jahr etwas mehr als eine halbe Milliarde Euro um, für das Unternehmen arbeiten insgesamt mehr als 3.000 Frauen und Männer, die meisten in Oberösterreich. Dort befindet sich auch die für diese Branche besonders wichtige Forschungs- und Entwicklungsabteilung. Das Geschäft entwickelt sich momentan wieder gut, nach einer Zeit der Vorsicht und des Sparens bestellen die internationalen Fluglinien wieder verstärkt neue Jets.

Montage der unbemannten Überwachungs-Helikopter bei Schiebel: Einsatz in Krisengebieten und auf hoher See.

FACC ist wohl das Aushängeschild der österreichischen Luftfahrtbranche, aber längst nicht ihr einziges Unternehmen. Laut einer Untersuchung des Wiener Wirtschaftsministeriums sind in der Branche etwa 250 Unternehmen aktiv, mit fast 9.000 Beschäftigten. Es ist eine bunte Gruppe, einigen wenigen Großen steht eine Vielzahl von kleineren und mittleren Unternehmen gegenüber. Die Mehrheit kommt aus der klassischen Produktion, etwa ein Drittel sind Dienstleister. Die Forschungsquote liegt mit 13 Prozent vergleichsweise sehr hoch.

Als international bekannte Vertreter der Branche gelten etwa Schiebel, ein niederösterreichischer Hersteller von unbemannten Überwachungs-Hubschraubern, der Spezialteile-Erzeuger Pankl Racing Systems aus der Steiermark, der Wiener Neustädter Leichtflugzeug Produzent Diamond Aircraft oder der Innenaustatter F. List.

Die etwa drei Meter langen Helikopter von Schiebel sind für vielfältige Einsätze geeignet – von der Verkehrsüberwachung bis zur Grenzsicherung, vom Überprüfen von Öl-Pipelines bis zur militärischen Aufklärung. Weil die Geräte auch bei hohem Seegang von Schiffen starten und auf ihnen wieder landen können, wurden sie bereits von zahlreichen Marineverwaltungen getestet. Bekannt wurden Einsätze gegen Piraten am Horn von Afrika, zur Rettung von in Seenot geratenen Flüchtlingen im Mittelmeer oder zur Überwachung des Waffenstillstands in der Ukraine.

Beim steirische Unternehmen Pankl Racing macht Aerospace nur einen vergleichsweise kleinen Teil aus: Hauptsächlich stattet das 900-Mitarbeiter-Unternehmen die Teams der Formel Eins und anderer Rennklassen mit Hochleistungs-Teilen für Motoren, Getriebe und Fahrwerk aus. Ähnliche Eigenschaften brauchen jene Hubschrauber-Komponenten, die Pankl an mehrere internationale Hersteller liefert, etwa Rotorwellen. Auch Boehler Schmiedetechnik in Kapfenberg hat sich auf Bauteile spezialisiert, die besonderen Belastungen standhalten müssen wie bei den Fahrwerken oder Turbinen der Flugzeuge.

Diamond Aircraft in Wiener Neustadt südlich von Wien ist in mehreren Jahrzehnten zu einer kleinen Unternehmensgruppe gewachsen. Im Kern steht die Erzeugung von ein- und zweimotorigen Leichtflugzeugen. Daneben entwickelt und fertigt man selbst Kolben- und Wankelmotoren, auch Diesel. Das Unternehmen baut aktuell 210 bis 220 Flugzeuge pro Jahr, in Wiener Neustadt allein sind 530 Mitarbeiter beschäftigt. Diese leichten Flugzeuge dienen Sportfliegern zum Lernen ebenso wie der US-Luftwaffe als erste kostengünstige Trainer für künftige Kampfpiloten. Genutzt werden sie weiters für die Verkehrsüberwachung, für geologische Forschung wie für TV-Aufnahmen aus der Luft. Ebenfalls Motoren für Leichtflugzeuge baut seit 1975 die oberösterreichische BRP Powertrain, ehemals Rotax. Die Fabrik gehört zur kanadischen Bombardier-Gruppe und erzeugt vor allem Motoren für Ski-Doos, für Quads und für Motorräder.

Eine ganz andere Kundenschicht beliefert das Unternehmen F. List aus dem südlichen Niederösterreich. Es wurde im Jahr 1950 von Franz List als kleine Tischlerei gegründet und beschäftigt heute unter seinen Enkeln 660 Mitarbeiter. Spezialisiert ist F. List vor allem auf die elegante Innenausstattung von Jachten und Privatjets. Dabei trifft traditionelles Handwerk auf modernste Materialien. Angeboten werden etwa Duschkabinen für Flugzeuge, feuerresistente Holzvertäfelungen oder sogar superleichte, dünne Steinfußböden, mit denen die Jets innen noch exklusiver wirken. F. List arbeitet unter anderem mit der Lufthansa und auch mit der brasilianischen Firma Embraer zusammen.

Aber auch eine weitere Etage höher sind Österreicher unterwegs, nämlich in der Raumfahrt. Österreich ist eines der 22 Mitgliedsländer bei der Europäischen Weltraumagentur ESA. Insgesamt sind von österreichischer Seite etwa 100 Institutionen und Firmen eingebunden – das reicht von Universitätsinstituten bis zu den Herstellern von Treibstoffleitungen für die Rakete Ariane 5, von Messgeräten, Thermo-Isolatoren oder Steuerungssystemen an Bord der europäischen Satelliten.

Uhren, Maschinen, Holz

IM WIENER VEREIN JUGEND AM WERK LERNEN BURSCHEN UND MÄDCHEN UNTERSCHIEDLICHSTE BERUFE – PRAXISNAH, ABER OHNE PRODUKTIONSSTRESS.

Präzisions-Montage an einer Armbanduhr: Verstehen, wie die Räder zusammenwirken.

Uhrmacher-Lehrlinge Lisa Preisinger, Caroline Kern und Katharina Rothwangl: Freude an der anspruchsvollen Arbeit.

Hier herrscht höchste Konzentration. Die Mädchen und Burschen in weißen Mänteln haben Lupen vor ein Auge geklemmt und arbeiten mit winzigen Schraubenziehern und Zangen jeweils an einem eigenen Uhrwerk. Dieses wird strahlend angeleuchtet von einer tief heruntergezogenen Arbeitslampe. Gelegentlich steht eine oder einer auf, geht zum Ausbildner und lässt sich bei einem Problem helfen.

„Das ist das Spannende an der Uhrmacherei", erzählt Lisa Preisinger, die bereits das dritte Lehrjahr absolviert, „dass man zwischendurch immer wieder nachdenken muss, wie eine Lösung ausschauen kann. Eigentlich wie bei einem Puzzle. Kein Uhrwerk ist genau gleich wie das andere." Sie schaut gemeinsam mit ihren Kolleginnen Caroline Kern und Katharina Rothwangl bereits auf ein umfassendes Training zurück: Im ersten Lehrjahr hat es mit einfachen Arbeiten begonnen: mit Schleifen und Feilen, um erst einmal ein Gefühl für die Materialien zu bekommen.

„Am Ende des ersten Jahres haben wir dann schon einfache Wecker zerlegt und wieder zusammengebaut", berichtet Caroline Kern. Im zweiten Jahr sind dann Großuhren drangekommen: Wanduhren, Pendeluhren, Schlagwerke. Und die Klasse besuchte auch eine bekannte Manufaktur derartiger mechanischer Kunstwerke in

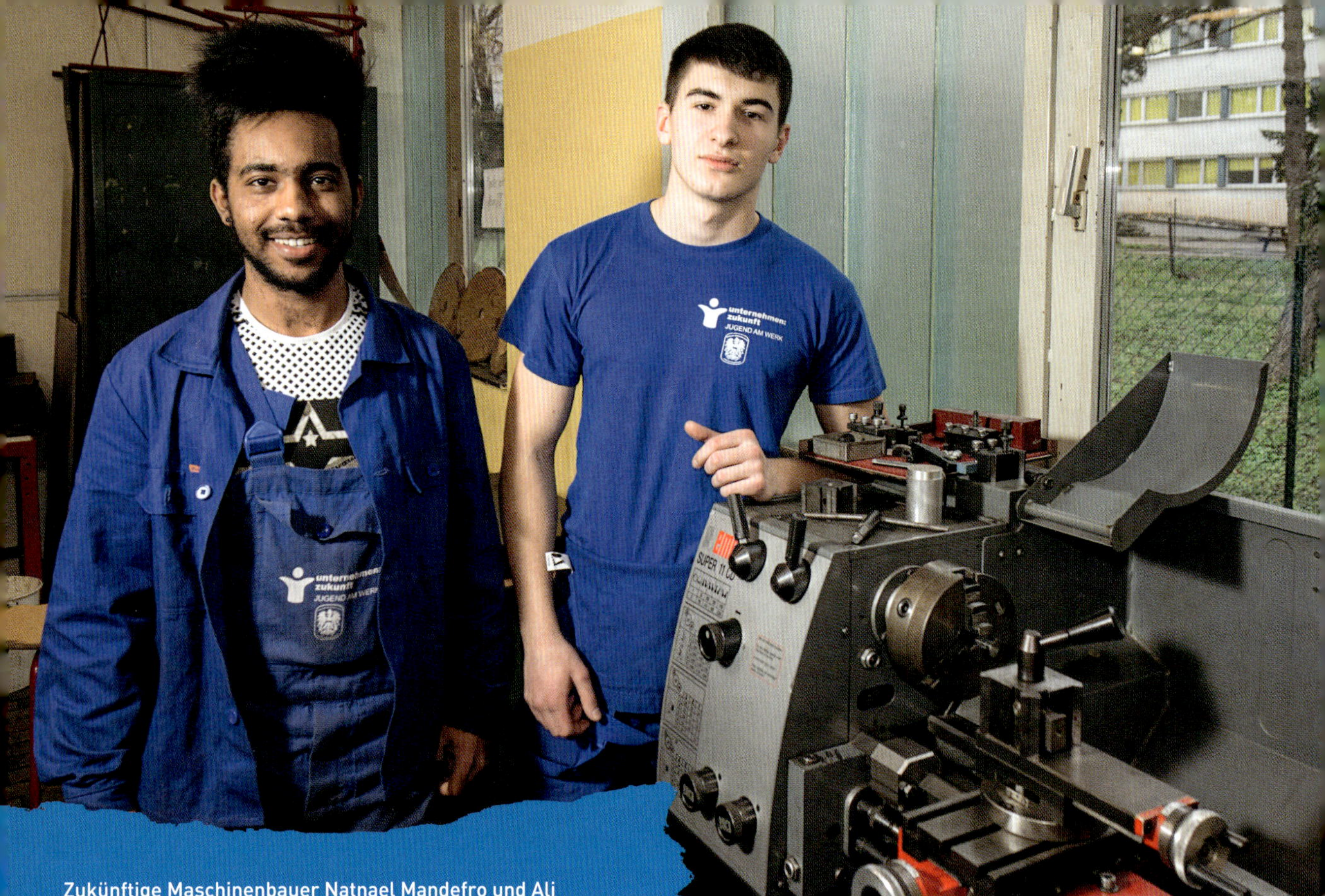

Zukünftige Maschinenbauer Natnael Mandefro und Ali Ustarchanov: Nebenbei Matura und eventuell auch noch studieren.

München, die von Erwin Sattler. Jetzt, im dritten Jahr, sind sie bei den kleinen, feinen Werken angekommen, bei Taschen- und Armbanduhren. Und jetzt sitzen sie eben tief gebeugt über ihren anspruchsvollen Mini-Maschinen, bauen da ein Zahnrad aus, setzen dort eine Aufzugsfeder ein.

Die blitzsaubere Werkstatt, die beinahe an ein Labor erinnert, befindet sich in einem nüchternen 60er Jahre-Bau im Wiener 20. Bezirk. Jugend am Werk heißt die Einrichtung. Es ist ein Verein, und die Mittel dafür bringt zum überwiegenden Teil das Arbeitsmarktservice AMS auf, weitere Gelder steuern die Stadt Wien und der Österreichische Gewerkschaftsbund bei. Etwa 200 junge Männer und Frauen bekommen hier die Chance einer Berufsausbildung. Meist sind es Jugendliche, die auf dem freien Markt vergeblich versucht hatten, eine Lehrstelle zu finden, sei es als Schlosser oder Elektromechaniker, als Gebäudetechniker, als Maschinenbauer oder als Tischler. Insgesamt 15 Lehrberufe werden angeboten. Die Uhrmacher stellen hier eher eine Ausnahme dar, für sie gab es früher die Uhrmacherschule der Stadt Wien, heute findet ihre Ausbildung bei Jugend am Werk statt.

„Wir machen das gemeinsam mit der Innung", erzählt der Geschäftsführer von Jugend am Werk, Markus Martincevic. „Pro Jahr werden sechs Lehrlinge aufgenommen. So viele kann auch der Markt vertragen. Es gibt trotz aller Elektronik wieder viele Liebhaber mechanischer Uhren, und die brauchen regelmäßig ihren Service."

Einige Räume weiter findet sich eine andere, rustikalere Atmosphäre. Hier reihen sich eiserne Schraubstöcke aneinander, hier arbeiten hauptsächlich kräftige junge Männer im Blaumann an elektronisch gesteuerten Drehbänken, andere bohren oder schleifen. „Ich lerne Zerspanungstechniker, bin im ersten Lehrjahr", erzählt Natnael Mandefro aus Äthiopien. Er konnte beim TGM in Wien in einige Berufe hineinschnuppern, hat die Schmiede, die Gießerei und die Dreherei besucht. „Die Maschinen haben mich am meisten interessiert, das hat mir gefallen, und das möchte ich zu meinem Beruf machen."

Auch hier beginnt die Ausbildung mit mechanischen Fertigkeiten: Feilen, Sägen, Bohren. An die Miniatur-Maschinen der Salzburger Firma Emco werden die Jugendlichen langsam herangeführt. „Vor der Unterweisung dürfen wir nicht damit arbeiten", erzählt Natnael, „da sind unsere Ausbildner sehr vorsichtig, sehr genau." Neben ihm steht Ali Ustarchanov aus Tschetschenien. Er lernt Werkzeugbautechniker und möchte daneben zusätzlich die berufsbegleitende Matura machen, ein Programm, das hier ebenfalls angeboten wird. Auch für

Uhrmacher-Ausbildner: So funktioniert das nämlich

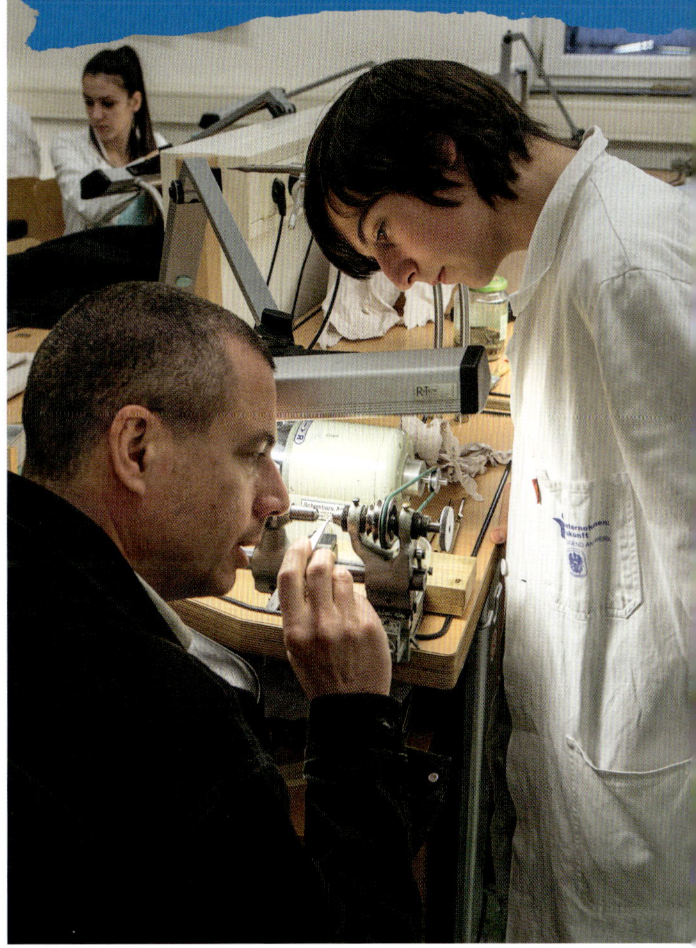

Zwischendurch nachdenken, wie eine Lösung aussehen kann.

danach hat er schon einen Plan A und einen Plan B: „Entweder studiere ich dann Maschinenbau, oder ich ziehe nach Vorarlberg und arbeite in der Schweiz."

Schon fix im Beruf ist Sabrina Pejic. Sie hat vor einigen Jahren bei Jugend am Werk die Tischlerlehre abgeschlossen, mit ausgezeichnetem Erfolg. „Man hat uns auf die Lehrabschlussprüfung hingedrillt, die hat man gar nicht verhauen können." Sie war damals das einzige Mädchen in ihrem Jahrgang.

Pejic hatte bei Jugend am Werk ihre Chance erst nach zahlreichen Absagen in der Privatwirtschaft bekommen. Sie wäre auch der Arbeit nachgereist, ins Burgenland oder in die Steiermark, aber es fand sich für sie damals keine Lehrstelle. Dass sie Tischlerin werden wollte, das war für sie eigentlich schon länger klar gewesen. Ihre Eltern arbeiteten zwar beide als Angestellte in Büros, die Mutter bei der Volksbank und der Vater bei der Fernwärme Wien. Aber ein Großvater war Tischler gewesen, und auch bei einem Onkel gab es eine Hobbywerkstätte im Keller, in der Sabrina schon kleine Werkstücke bauen durfte: eine Visitenkartenschachtel, einen Kleiderbügel oder ein Federpenal mit Deckel.

Den endgültigen Ausschlag hat dann ein Töchtertag bei der Fernwärme Wien gegeben. „Dort bin ich jedes Jahr hingegangen, und da hat man uns verschiedene Berufe

Ehemaliger Tischler-Lehrling Sabrina Pejic: Sie entwirft heute Kinderzimmer und Küchen am Computer-Bildschirm.

vorgestellt: Installateur, Chemielaborant. Für mich war es die Tischlerei." Die Eltern hatten nichts einzuwenden, im Gegenteil: „Sie haben mich immer voll unterstützt."

Jetzt sitzt sie vor einem Bildschirm bei Peter Max in Wien-Favoriten und plant Wohnungseinrichtungen: Jugendzimmer und Maßküchen, Bäder und Wohnzimmer. „Es macht mir richtig Spaß", erzählt sie. „Ich habe mich noch im letzten Lehrjahr aufs Planen spezialisiert." Doch auch für sie fiel trotz solider Ausbildung der Berufseinstieg nicht ganz leicht. Sie fand nicht gleich eine Stelle als Planerin, überbrückte auch die Zeit der Suche mit einem Verkaufsjob in einem Möbelhaus. Aber jetzt ist sie angekommen. Und für ihre Planungsarbeit hilft ihr natürlich, dass sie auch aus der nach Holz duftenden Werkstätte bei Jugend am Werk genau weiß, was technisch geht und was nicht. Selbstverständlich war sie auch zur Einschulung in der Peter Max-Produktion in Stockerau. „Ich habe nur das interne Computersystem lernen müssen, sonst war unsere Ausbildung wirklich super."

Komplexe Formen aus Keramik

LITHOZ IST EIN WIENER START-UP, DAS SICH AUF 3D-DRUCK KERAMISCHER HOCHLEISTUNGSWERKSTOFFE SPEZIALISIERT HAT.

Lithoz-Gründer Johannes Benedikt und Johannes Homa:
Mit ihrem komplizierten Bauteil werden Kühlkanäle für einen
Flugzeugmotor gegossen.

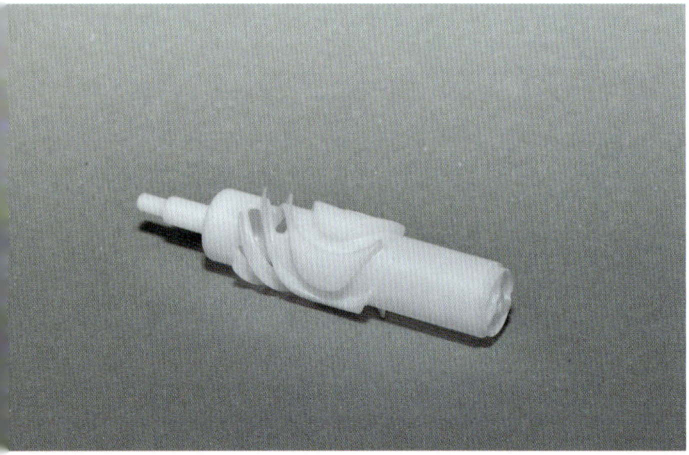

**Kleine Keramik-Spezialteile:
Einsatz in der Medizin und in der chemischen Industrie.**

Ganz langsam entsteht das winzige weiße Bauteil. Schicht für Schicht fügt der 3D-Printer hinzu, und jede einzelne ist dünner als ein menschliches Haar. Das Material besteht aus keramischem Pulver, vermischt mit einem lichtempfindlichen Harz. Beim Auftragen einer Schicht ist der Drucker in rotes Licht gehüllt, ganz ähnlich jenem in Fotolabors für analogen Film. Während dieser Zeit bleibt das Material weich. Zwischendurch wechselt das Licht kurzzeitig auf blau, dann verhärtet sich das Harz und die feine Schicht wird fest. Das wiederholt sich wieder und wieder, bis die ganze Form gedruckt ist.

Ehe das Bauteil dann seine endgültige Bestimmung findet, wird es noch gebrannt, bei Temperaturen zwischen 1.000 und 2.000 Grad. „Wir könnten mit dieser Methode natürlich auch ein Teeservice aus Porzellan machen", scherzt Johannes Benedikt, einer der Gründer und Geschäftsführer der Firma, die sich Lithoz nennt. „Aber dafür wäre unsere Technik zu teuer und aufwändig."

Die Keramik-Erzeugnisse aus Maschinen von Lithoz werden etwa in der Medizin eingesetzt, als winzige Blutpumpen am Herzen. Es können auch Ersatz-Knochenteile werden, die sich dann später wieder auflösen, sobald das körpereigene Gewebe nachgewachsen ist. Oder aber die harten, temperaturunempfindlichen Gebilde dienen als Sensor-Halter oder als Mini-Mischer in der elektronischen oder chemischen Industrie. Eine besonderen Einsatz zeigt noch Johannes Homa, der Co-Gründer und Co-Geschäftsführer: „Wir bauen eine Silikat-Form auf, die später einmal in einer Flugzeugturbine die komplexen Kühl-Kanäle darstellt. Rund um unsere Form wird Metall gegossen, später wird die Form mit Chemikalien herausgewaschen und ein Hohlraum entsteht. Hier wird die Turbine einmal heißer sein als 1000 Grad."

Was sind die Vorteile des 3D-Drucks? Die Methode, die auf englisch „additive manufacturing" heißt, bedeutet, dass man nicht aus einem Rohling die Form des Bauteils herausarbeitet, wie das üblicherweise geschieht, mit Fräsen, Bohrern oder anderen Werkzeugen. Im Gegenteil, das Material wird in winzigen Schichten langsam aufgebaut. Damit sind viel komplexere Formen möglich, die auch Hohlräume enthalten, die man mit Werkzeugen kaum herausbohren könnte.

Lithoz, gegründet im Jahr 2011, hat heute 27 Mitarbeiter und wächst ständig. „Wir sind zwar in einer kleinen Nische aktiv", so Geschäftsführer Homa, „aber in dieser sind wir mit großem Abstand Weltmarktführer." Bis es aber so weit war, dauerte es – mit zahlreichen Rückschlägen. Die Fortschritte beim Erproben keramischer Materialien waren sichtbar, doch wirklich funktionieren wollte die Sache nicht. „Die Formen haben schon gepasst, aber wir haben immer wieder Sprünge im Material gefunden", erzählt Homa. „Die Bauteile wären für einen kommerziellen Einsatz nicht brauchbar gewesen."

Homa wollte sich an der Wiener Technischen Universität eigentlich auf künftige Management-Aufgaben vorbereiten. Doch dann stieß er eher durch Zufall auf die noch junge 3D-Technologie. Er begann sich dafür zu interessieren und schrieb eine einschlägige Diplomarbeit – aus Sicht der Materialwissenschaft. Dieses Wissen setzte er auch in mehreren Projekten mit Unternehmen um – in Österreich und in Liechtenstein. Dort ging es etwa um die Verwendung von Keramik für Zahnersatz. Dieses Tüfteln wollte Homa auch gleich für seine Dissertation nutzen, aber der Betreuer, TU-Professor Jürgen Stampfl, meinte, zwei Jahre Arbeit genügten dafür noch nicht, er möge noch weiterforschen. Homa stimmte zu, wollte aber damit gleich ein eigenes Unternehmen verbinden. Dazu brauchte er allerdings noch weitere Expertisen, etwa aus dem Maschinenbau und der Programmierwelt. So stieß der Maschinenbauer Benedikt zum Kernteam, er ist heute technischer Geschäftsführer. Und auch Professor Stampfl machte mit.

„Fünf Jahre lang haben wir mehr oder weniger vergeblich experimentiert, dann kam der Durchbruch", erinnert sich Homa. Auf einmal entsprachen die fein aufgetragenen Keramikschichten den härtesten Ansprüchen. Das Unternehmen konnte durchstarten. Mit eigenem Kapital der Gründer und mit Fördergeldern des Austria Wirtschaftsservice und des INITS, des universitären Gründerservice Wien, konnten sie loslegen. Heute ist auch ein deutscher Industrieller mit 20 Prozent am Unternehmen beteiligt, die große Mehrheit gehört den beiden Gründern.

„Aber wir haben auch am Anfang gewusst, dass man mit Förderungen allein nicht lang überleben kann, dass wir schnell Umsätze machen müssen", erzählt Homa. So verkauften sie rasch ihre erste Maschine an einen deutschen Kunden, „aber wir haben ihm nicht gesagt, dass er der erste ist." Weitere 20 folgten, alle gingen in den Export, in Österreich gibt es dafür keinen Markt. Derzeit sind es etwa zehn bis 15 pro Jahr, die erste reiste schon nach China, zwei in die USA.

Gebaut werden die 3D-Drucker nicht von Lithoz selbst, sondern von einem Spezialisten in Kärnten, der Firma Wild. Die Namen der Abnehmer in der Elektronikindustrie, in der Luftfahrt und in der chemischen Industrie darf das Unternehmen nicht nennen. „Die Kunden sehen das als strategisches Investment und wollen nicht bekannt werden", so Homa. Lediglich der globale Autozulieferer Bosch erlaubt die Namensnennung, und Homa kann sagen, dass bereits Interessenten aus mehr als 50 Ländern in der Firma waren: „Wir sind wirklich born global."

Wer sonst noch 3D druckt

Keramik ist ein eher seltenes Material zum Einsatz von 3D-Druckern. Viel häufiger sind dies Metalle oder Kunststoffe. Auch für sie gilt, dass mit dieser Produktionsart besonders schwierige Formen leichter herzustellen sind. Ein paar Beispiele: Ohrenärzte nutzen die Technik für persönliche angepasste Stöpsel für Hörgeräte; jüngere Patienten von Zahnärzten bekommen ihre durchsichtigen Zahnspangen auf diese Weise angemessen. In der Industrie sind es etwa Einspritzdüsen für Jet-Triebwerke, die aus Metall gedruckt werden.

Aber damit sind die Möglichkeiten noch lange nicht ausgereizt. Zwar wird sich auch in der Zukunft nur schwer ein ganzes Auto ausdrucken lassen. Aber besonders für das weltweite Ersatzteilgeschäft könnte die Technologie interessant werden. Heute werden noch Tausende von unterschiedlichen Ersatzteilen teuer auf Lager gehalten und dann zu den Werkstätten geschickt, die sie brauchen. Künftig könnten die Unternehmen der Automobil-, Elektro- und Maschinenbauindustrie bloß riesige elektronische Datenbanken der Teile vorhalten. Ausgedruckt wird nur das, was gerade gebraucht wird.

Der Druck könnte dann auch ganz in der Nähe der Kunden stattfinden, selbst wenn das ursprüngliche Gerät von sehr weit her kommt – aus Japan, China oder Korea. Nicht zuletzt deshalb interessieren sich schon Logistik-Konzerne wie DHL für die 3D-Technologie. Denn warum sollte nicht der Spediteur in seinem Lager gleich die Herstellung übernehmen und das Teil dann nur die letzten Kilometer bis zum Kunden transportieren?

Komplexe Formen aus Keramik

Woher kommt das Geld?

EIN INTERVIEW MIT MICHAEL JURSA, PROFESSOR FÜR ASSYRIOLOGIE AN DER UNIVERSITÄT WIEN UND SPEZIALIST FÜR ANTIKE WIRTSCHAFTSGESCHICHTE.

Professor Jursa im Kunsthistorischen Museum:
Eine Ausstellung antiker Münzen aus dem Mittelmeerraum.

Prägen ließ immer der Herrscher, die Münzen zeigten oft sein Portrait. Genutzt wurden sie zum Handel und zum Sparen.

Herr Professor Jursa: Für uns ist heute das Geld selbstverständlich. Wir kennen es in Form von Scheinen und Münzen. Was waren die ersten Formen von Geld, und wozu hat man es gebraucht?

Michael Jursa: Die frühesten Münzen wurden im 6. Jahrhundert vor Christus auf dem Gebiet der heutigen Türkei von kleinen Staaten geprägt. Diese bezahlten damit vor allem Berufssoldaten, also Söldner. Diese Soldaten waren Griechen, sie haben die Verwendung der Münzen zuhause in Griechenland eingeführt. Von dort verbreiteten sie sich im weiteren Mittelmeerraum.

Wozu hat man dann die Münzen verwendet? Zum Handel im eigenen Land? Oder zum Handel mit anderen Völkern oder Regionen? Und wer konnte damals Münzen prägen lassen?

Geprägt hat immer der jeweilige Herrscher. Die Münze war ein wichtiges Mittel der Selbstdarstellung des Herrschers, sein Portrait wurde auf den Münzen dargestellt. Verwendet wurden sie natürlich zum Handel, sowohl im regionalen als auch im überregionalen Tausch von Gütern und Dienstleistungen.

Braucht man zum Handel unbedingt Geld in Münzform?

Nein. Es gab in der Geschichte viele andere Formen von Geld zum Bewerten und Tauschen von Gütern, etwa Muscheln, Kakaobohnen, Rinder, Menschen, ungemünzte Metalle als Barren, Platten oder als Körnchen.

Und warum haben sich diese Formen nicht durchgesetzt?

Frühe Spediteure beim Verpacken:
Römische Arbeiter bereiten ein Paket für den Transport vor.

Münzform ist einfach praktischer. Denn Geld hat mehrere Funktionen:

Man braucht es nicht nur zum Tausch. Man kann es auch verwenden, um Werte aufzubewahren, also um zu sparen. Außerdem kann man damit unterschiedliche Güter bewerten und leicht miteinander vergleichen.

Erklären Sie uns die antike Wirtschaft. Was war die ökonomische Basis dieser Gesellschaften rund ums Mittelmeer? Was wurde auf den Feldern angebaut, was exportiert und was importiert?

In sämtlichen antiken Gesellschaften arbeitete der überwiegende Teil der Menschen in der Landwirtschaft. Die zunehmende Verwendung des Geldes nützte vor allem jenen, die Überschüsse erzeugten. Geld bot die Möglichkeit, diese Überschüsse leichter zu verkaufen. Aber es gab auch Verlierer: freie Bauern, die sich verschuldeten und ihr Land verloren. Das wiederum kauften dann meist nicht die anderen Kleinbauern, sondern die wohlhabenden Großgrundbesitzer.

Nennen Sie uns Beispiele, wer sich etwa worauf spezialisiert hat und seine Produkte exportieren konnte?

Wir wissen etwa, dass die Bewohner des biblischen Israel ursprünglich vor allem für den eigenen Verbrauch produziert haben.

Eine römische Wasserleitung in Südfrankreich: Nicht nur der Handel war überregional, es wurde auch im ganzen Imperium die Infrastruktur ausgebaut.

Doch dann konnten sich größere Landgüter spezialisieren und für den Export anbauen. Diese Produkte waren vor allem Olivenöl aus Galiläa, Wein aus Judäa und ab der Römerzeit dann größere Mengen von Leinen, das im gesamten Römischen Reich verkauft wurde. Importiert wurde im Gegensatz Getreide, vor allem aus Ägypten. Die Reichen ließen sich Luxusgüter kommen, etwa feine Keramik aus Italien oder Syrien.

Wie weit reichten damals die Handelsbeziehungen? Kannte man außer den am Landweg erreichbaren Wirtschaftszentren und jenen am Mittelmeer andere, weiter entfernte?

Im Römischen Imperium gab es die Möglichkeit, von Indien bis Britannien Handel zu treiben, durch ein Kettensystem von Handelsstädten. Aber es war natürlich nicht für alle Güter sinnvoll: So wurde etwa ägyptisches Getreide in großem Umfang nach Rom geliefert, aber nicht nach Britannien. Olivenöl aus Palästina dürfte durchaus auch bis an den Rhein gelangt sein. In kleinerem Umfang kam recht früh Seide über die Seidenstraße aus China. Kamele transportierten Weihrauch aus Südarabien bis

Gaza, dieser wurde von dort weiterverschifft.

Wo wurden diese Güter erzeugt? Es gab ja noch keine moderne Industrie.

Produziert wurde vor allem in Handwerksbetrieben. In römischer Zeit konnten manche von ihnen durchaus groß werden und in Einzelfällen Hunderte Menschen beschäftigen, etwa bei der Herstellung von keramischen Gefäßen oder bei der Waffenproduktion.

Wie hoch entwickelt waren abstrakte ökonomische Fähigkeiten wie Buchhaltung, Lagerhaltung, Wechselkurse?

Diese waren durchaus hoch entwickelt. Wir haben dazu etwa zehntausende griechische Schriftstücke, die in Ägypten gefunden wurden. Man hatte zu dieser Zeit bereits sehr komplexe Buchhaltungs-Techniken. Man konnte damit ein zielgerichtetes, gewinnorientiertes Wirtschaften ermöglichen.

Wie ungleich waren diese Gesellschaften im Vergleich zu heute? Wie groß waren die Unterschiede zwischen Arm und Reich?

Grundsätzlich waren alle antiken Gesellschaften sehr ungleich, aber stabil. Einer kleinen Elite von Priestern, Königen und Großgrundbesitzern stand eine arme Masse gegenüber. Problematisch wurde das erst, wenn Menschen schnell reich wurden, ohne dass dies durch die Traditionen abgesichert war. Das ging natürlich durch Geld leichter. Man hat den Eindruck, dass das Wirtschaftswachstum in dieser Zeit Ungleichheit förderte. Darüber liest man auch in biblischen Quellen, etwa im Buch Sirach, nämlich über Ausbeutung und ökonomische Ungerechtigkeit.

Kommen wir wieder zu den Münzen zurück: Handelte mit ihnen nur eine kleine Oberschicht: Beamte, reiche Kaufleute, Großgrundbesitzer? Oder hatten auch einfache Leute Geldstücke in ihren Beuteln?

Gold war meist nur eine symbolische Sache für den Herrscher, es war einfach zu wertvoll für den Alltagsgebrauch. Geht man davon aus, dass eine Silbermünze dem Wert von einem Taglohn bis zu vier Taglöhnen entsprach, dann dürften auch diese eher für größere Anschaffungen benutzt worden sein. Die kleinen Kupfermünzen mit Bruchteilen dieses Werts waren dagegen im breiten, alltäglichen Umlauf. Alle Städter und auch viele Bauern hatten sie in Händen. Das ergab zwar noch keine richtig moderne Gesellschaft. Dazu hing sie zu sehr vom Ackerbau ab, es gab noch keine Industrie. Aber wenn man sie mit dem frühen europäischen Mittelalter vergleicht, war sie erstaunlich modern und nutzte das Münzgeld sehr intensiv.

Guten Morgen, Herr Direktor

REINER HEILMANN FÜHRT SEIT 25 JAHREN DAS HOTEL SACHER IN WIEN – MIT 380 MITARBEITERN UND 22 LEHRLINGEN.

Sacher-Direktor Reiner Heilmann mit Nina Gold:
Ferialpraktikum als Page

Zuerst geht es ganz tief hinunter, in den Bauch des Hotels. Den werden die Gäste nie zu sehen bekommen, aber von hier werden sie kulinarisch verwöhnt. Reiner Heilmann führt durch das Traditionshaus Sacher hinter der Wiener Staatsoper, durch eine verschachtelte Wunderwelt, die eigentlich aus sechs historischen Häusern besteht und einen ganzen, mächtigen Block einnimmt.

40 Köchinnen und Köche arbeiten hier unten für die Gäste der beiden Restaurants Anna Sacher und Rote Bar. Helen Busch und Daniel Kusz beenden gerade ihren Tagesdienst, sie sind beide Lehrlinge im zweiten Jahr. Helen kommt aus Bayern und hat diese Woche den Gästen im Frühstücksraum die Eier frisch zubereitet: Ham and Eggs, Spiegeleier, Eggs Benedict. Sie musste schon um halb sieben frisch und fröhlich auftreten, und wenn auf ihr „Guten Morgen" ein „Morning" zurückkam, ging die Konversation gleich auf Englisch weiter. Daniel ist Pole, er hat seinen Platz in der Küche gerade bei den kalten Vorspeisen. Und diese macht er – nach Anleitung – schon selbst. „Wir sind keine Beiwagerl mehr", lacht Helen.

Koch-Lehrlinge Daniel Kusz und Helen Busch: Im Keller Vorspeisen zubereiten, oder im Frühstücksraum die Spiegeleier.

Dann geht es hoch hinauf mit dem Lift, in den 5. Stock. Dort wurde bei einem umfangreichen Umbau vor einigen Jahren ein Zwischengeschoss eingebaut, unter den neuen Dach-Suiten. Hier ist ein Spa untergebracht, ebenso die Service-Stationen der Zimmerfrauen. Victoria Klinkhammer aus Köln macht hier als Trainee den ersten Teil ihres einjährigen Praktikums. Sie hat im Schweizer Luzern die dreijährige „Business & Hotel Management School" abgeschlossen und ergänzt jetzt ihr theoretisches Wissen mit Einblick in die praktische Welt der Hotellerie. „Eine Woche lang habe ich mit den Zimmerfrauen mitgeputzt. Ich habe das wirklich unterschätzt." Die 30 Minuten, die diese im Schnitt für ein Zimmer brauchen, hat sie nicht geschafft, dafür war sie es selbst am Ende des Tages: „Ich bin um neun im Bett gewesen."

Nina Gold besucht in Wien die fünfjährige Höhere Lehranstalt für Tourismus „Modul". Sie arbeitet derzeit im Ferialpraktikum als Page im Sacher. Dabei holt sie in der weinroten traditionellen Uniform für die Gäste Opernkarten an der Kassa der Staatsoper ab, geht zur Post, macht Besorgungen in der Stadt. Einige Meter neben der Rezeption, im eleganten plüschroten Restaurant Rote Bar hat Melissa Fidoris, im zweiten Lehrjahr für die Ausbildung zur Restaurant-Fachfrau, die Tische bereits makellos eingedeckt. Später wird sie Brot anbieten und Wasser. „Speisen aufnehmen darf ich noch nicht, servieren schon."

Victoria Klinkhammer hat schon eine Business und Hotel Management School absolviert. Jetzt lernt sie die praktischen Abläufe kennen.

Direktor Heilmanns Arbeitstag hat kurz vor acht begonnen, und er hat den Kochlehrling Helen Busch schon im Frühstücksraum getroffen, bei seinem Rundgang durch das Haus. „Ich bin jeden Tag dort. Das ist die beste Gelegenheit, so viele Gäste wie möglich zu treffen. Auch sie wollen den Hoteldirektor sehen." Er vergleicht seine Arbeit ein wenig mit jener eines Kapitäns auf einem Kreuzfahrtschiff, und es gibt wohl genug Ähnlichkeiten mit seinem Luxushotel. „Das Wichtigste ist einmal, dass man Menschen mag", so Heilmann. „Sonst ist man hier am falschen Platz."

Seine Crew zählt immerhin 380 Köpfe und er kennt jeden und jede. „40 Mitarbeiter sind in der Tortenproduktion, die befindet sich nicht im Hotel, 340 arbeiten hier, davon 22 Lehrlinge." Und nicht nur die Hotelgäste kommen aus der ganzen Welt. Als wichtigste Herkunftsländer nennt Heilmann Deutschland, die USA, die Schweiz, England, Japan und Russland. Aber auch die

Melissa Fidoris im Restaurant Rote Bar: „Servieren darf ich schon, Speisen aufnehmen noch nicht."

Rezeptionisten, Zimmerkellner, Barkeeper und Spa-Mitarbeiterinnen zeigen sich nicht weniger vielfältig. Hier arbeiten Frauen und Männer aus 27 Nationen. „Natürlich kann es da auch zu kulturellen Missverständnissen kommen", so der Direktor. „Und ich bin auch dazu da, die auszuräumen."

Nach dem Plaudern mit Gästen beim Frühstück beruft er das erste tägliche Meeting ein. Es dauert 15 Minuten und wird im Stehen abgehalten. Dabei sind alle Abteilungsleiter des Hotels – Housekeeping und Food and Beverage, Rezeption, Reservierung, Verkauf sowie die Personalleitung. „Da wird der vorherige Tag besprochen und der aktuelle." Es geht um Ankünfte, um besondere Gäste, ob es etwa wegen eines Politikers zusätzliche Sicherheitsmaßnahmen braucht, oder was die speziellen Ansprüche des einen oder anderen Bühnenstars angeht.

Dann macht sich Heilmann an seine eigenen anstehenden Arbeiten, meist größere Projekte. Derzeit plant er etwa den Umbau des Sacher-Ecks an der Kärnterstraße. Dort wird das Café vergrößert, um ein

Stockwerk nach oben erweitert, zusätzlich entstehen noch einige neue Suiten. Diese Baustelle alleine würde anderswo schon sämtliche Kräfte erfordern. Aber im Hotel sind auch im Alltagsbetrieb laufend Entscheidungen zu treffen. Heilmann: „Ein großes Thema sind etwa die Kosten, zum Beispiel beim Wäsche-Einkauf." Von all dem darf der Gast natürlich nichts bemerken, und die Gäste in der Luxuskategorie sind anspruchsvoll. „Unser oberstes Ziel muss sein, uns zu fragen: Wie fühlt sich der Gast am wohlsten?"

Heilmann, inzwischen schon 25 Jahre im Sacher, kommt selbst aus einer Gastronomenfamilie, aber in einer ganz anderen Kategorie. Seine Eltern betrieben in Norddeutschland, in der Nähe von Osnabrück, einen Gasthof mit einigen Zimmern. Der 1964 Geborene lernte zuerst Koch, wollte einige Jahre Erfahrung sammeln und dann den Betrieb übernehmen. Aber es kam anders: Nach mehreren Stationen in Deutschland – vor allem in Maritim-Hotels – schnupperte er in unterschiedliche Bereiche der Hotellerie hinein: Auf die Küche folgten schnell Service und Administration. Dann wollte er auch noch ins nahe Ausland: Im Wiener Hotel Imperial suchte man jemanden für die Rezeption, das Front Office, und er zog an die Donau. „Vermutlich war ich damals, Ende der 80er Jahre als Deutscher ein Exote, umso mehr aus dem Norden." Aber er machte deshalb nie schlechte Erfahrungen, weder mit Gästen noch mit Kollegen.

Vom Imperial wechselte er als Assistent der Geschäftsführung ins nahe Sacher. Nach sechs Monaten wurde er stellvertretender Direktor, 1991 schließlich die Nummer eins. Es war schwierig, den Eltern zuhause beizubringen, dass er nicht mehr zurückkommen werde, „aber ich habe kein negatives Wort gehört". Da sich auch die Geschwister nicht für das Unternehmen interessierten, wurde erst verpachtet, dann verkauft. Heilmann heiratete eine Steirerin, die ebenfalls aus der Hotellerie kam, aber heute für die Lufthansa als Stewardess fliegt. Zwar spricht Heilmann immer noch lupenreines Hochdeutsch, will aber als Vater zweier Buben, die längst das Gymnasium besuchen, nicht wieder aus Österreich wegziehen.

Und dann hat ihn ja der Virus Hotellerie befallen. Er liebt seine Arbeit – wie übrigens auch die jungen Mitarbeiter, die auf den unterschiedlichsten Positionen zum Gesamtkunstwerk Luxushotel beitragen. Beim Fototermin mit dem Housekeeping-Trainee Victoria Klinkhammer blitzen kurz beide Seiten des Profis auf. Gefragt, ob es für das Bild ein leeres Zimmer gebe, kommt wie aus der Pistole geschossen: „Heute leider ja." Heilmann kennt also die aktuelle Buchungslage ganz genau. Und als vor der Türe der Suite eine Sitzgruppe um einige Zentimeter schief steht, beugt sich der Direktor blitzschnell hinunter und rückt die Fauteuils und den Tisch zurecht. Jemand anders hätte das gar nicht bemerkt.

Diebe und Krieger im Web

ISRAEL GEHÖRT BEI CYBER SECURITY-UNTERNEHMEN, DIE GEGEN HACKER VORGEHEN, ZUR WELTSPITZE – NICHT OHNE GRUND.

CyberGym beschäftigt echte Hacker, um Ingenieure der Stromgesellschaft auf Angriffe aus dem Web vorzubereiten.

Die kräftigen Männer mit den großen Händen drängen sich wissbegierig in den engen Seminarraum. Rund um sie sind Bildschirme, Schaltkästen und Apparate aufgebaut, fast wie in ihrer normalen, täglichen Betriebsumgebung. Es sind 15 Ingenieure der israelischen nationalen Stromgesellschaft Israel Electric Corporation (IEC). Ein jugendlich aussehender akademischer Coach gibt ihnen eine kurze Einleitung zu ihrem Seminar. Noch wissen sie nicht, was ihnen bevorsteht.

Gleich werden ihnen Hacker das Licht abdrehen, um ihnen einen drastischen Eindruck zu geben, wozu sie hierhergekommen sind: nämlich, um über gefährliche Cyber-Angriffe aus dem Web zu lernen; um eine Schulung zu erhalten, wie man solche Angriffe schnell erkennt, wie man darauf umsichtig und ohne Panik reagiert; vor allem aber, wie man sich schon im Vorhinein möglichst dagegen schützen kann.

Die Szene spielt sich im Ausbildungszentrum von IEC ab, in Hadera, eine halbe Bahnstunde nördlich von Tel Aviv. Hier stehen wie in einer Ferienkolonie kleine Steinhäuschen in einem Wäldchen verstreut. Von dessen Rand aus hat man einen spektakulären Blick aufs Meer – und auf die vier Blöcke eines riesigen Kohle- und Gaskraftwerks von IEC.

Die Hacker in Kapuzenshirts, die den Ingenieuren schnell den Blutdruck hinauftreiben, sitzen in einem Nachbarhäuschen vor ihren Computern. Sie sind wirklich Hacker, aber sie sind bei CyberGym beschäftigt, einer Tochterfirma der Stromgesellschaft, die sich auf Sicherheit im Web spezialisiert hat. Die Kapuzen-Männchen stellen im Seminar-Plan das sogenannte „rote Team" dar. Dieses spielt die Angreifer und fordert die E-Werks-Ingenieure im „blauen Team" heraus, attackiert sie und zwingt sie zu ungewohnten, manchmal auch hektischen Entscheidungen.

„Es ist nicht gerade leicht, gute Hacker einzustellen", erzählt Gilad Yoshi, Manager bei CyberGym. „Zuerst muss man sie finden, und dann ordentlich bezahlen." Außerdem müsse man sie auch noch laufend streng kontrollieren, um zu verhindern, dass man sich mit ihnen den Feind selbst ins Haus geholt hat. Yoshi: „Wir haben eine Politik mit null Toleranz bei Fehlern. Kürzlich hat sich einer nur so zum Spaß in den Rechner des nationalen Fernsehsenders eingehackt. Wir haben ihn sofort entlassen."

Außer den beiden aktiven Teams, die um das ungebetene Eindringen in die Systeme und dessen Abwehr ringen, gibt es bei CyberGym noch ein drittes Team, das „weiße". Das sind die Schiedsrichter, sie überwachen alle Aktionen der Seminar-Teilnehmer mit versteckten Kameras. Sie beobachten, wie die Ingenieure auf Stress reagieren, wo sie richtig entscheiden und wo falsch. „Das wird für viele sehr schnell wirklich ernst", erzählt der Manager Yoshi. „Sie sind emotional dabei, fühlen sich von den Hackern persönlich angegriffen. Beim gemeinsamen Essen in der Kantine wollen sie nicht in der Nähe des roten Teams sitzen." Denn das sind die Feinde.

Warum hat ein Stromkonzern eine derartige aufwändige Tochterfirma ins Leben gerufen? „Wir sind täglich mit vier- bis sechstausend Angriffen aus dem Netz konfrontiert", erzählt Yoshi aus der Realität des Nahen Ostens, der seit vielen Jahren zwischen kurzen, heftigen Kriegen und längeren Perioden instabiler Waffenstillstände hin und her pendelt. Und nicht nur Israel hat talentierte Hacker, sie finden sich auch unter den Palästinensern wie unter jugendlichen Arabern aus anderen Ländern. „98 Prozent der Attacken sind eher harmlos und bereiten uns kaum mehr als Kopfschmerzen. Aber ein paar gefährliche sind immer wieder darunter. Wenn man es militärisch ausdrücken würde, wäre das so, als müssten wir jeden Tag ein, zwei Raketen abfangen." Bisher habe es glücklicherweise noch keinen Netzausfall gegeben.

CyberGym-Campus im israelischen Hadera: Attacken durchspielen und abwehren.

Aber die Attacken werden immer komplexer. Die Angreifer suchen stets neue Möglichkeiten, über schlecht gesicherte Hintertüren die Rechner der Kraftwerke und des Netzbetreibers zu stören, im schlimmsten Fall lahm zu legen. Deshalb hat man im Trainingscamp die üblichen Schaltschränke nachgebaut, damit die Ingenieure am wirklichen Objekt üben können, nicht nur in der Theorie.

Um den Aufwand für diese Ausbildung in Grenzen zu halten, hat CyberGym daraus ein Exportprodukt gemacht. Die Firma bietet ihre Services fremden Unternehmen an, seien es Industriefirmen, Banken, Versicherungen, oder Stromversorger anderer Länder. Vor einigen Jahren wurde ein internationales Sales Team gegründet, und mittlerweile findet sich die Mehrzahl der Kunden bereits außerhalb Israel. Die meisten legen großen Wert auf Diskretion, nur einen dürfe man nennen, die Millennium Bank in Portugal.

Die Trainings für Kunden ähneln jenen für die eigenen Techniker. Sie dauern jeweils einige Tage, gecoacht werden Gruppen von 12 bis 20 Personen. Zuerst analysiert man genau deren Branche, die jeweilige Bedrohungslage und die konkrete

Sicherheitsexperte Gila Yoshi:
Es gibt täglich vier- bis sechstausend Versuche, ins System der Stromgesellschaft einzubrechen.

Umgebung. „Vieles davon kann man im Web recherchieren", so Yoshi. „Dabei man muss auch immer auf Bedrohungen hinweisen, an die man oft nicht denkt, so simpel kommen sie daher."

Oft sind die Millionen teuren Firewalls der Unternehmen intakt, und dann bringen die Angreifer mit 1.000 Euro eine Putzfrau dazu, in einem Büro eine CD liegen zu lassen, auf der steht: „Privatfotos". Yoshi: „Jeder will diese sehen, und schon ist der Virus auf dem Rechner." Es geht daher nicht nur um die Verbesserung technischer Maßnahmen. Vielleicht noch wichtiger ist eine gesamte Unternehmenskultur, die derartige Sicherheitsmaßnahmen in der täglichen Arbeit selbstverständlich werden lässt. Yoshi: „Man kann etwa Betriebsfremde nicht unbeaufsichtigt durch die Gänge der Firma spazieren lassen."

Das darf man bei Check Point in Tel Aviv auch nicht. Hier sind die einzelnen Bürotrakte pro Abschnitt noch einmal mit Kartenlesern gesichert. Der Besucher muss in einer neutralen Zone warten, in der Teeküche gleich nach dem Lift. Hier holen sich die Entwickler, IT-Spezialisten und Marketing-Manager zwischendurch ihren Tee oder ihren Schaumspitz. Die Atmosphäre in den modernen, aber etwa abgewohnten Räumen ähnelt der in einem Uni-Institut, und auch die vorherrschende Uniform – für beiderlei Geschlechter – könnte Studenten und jungen Professoren gleichermaßen stehen: kragenlose T-Shirts oder Strickpullover, dazu verwaschene Schlabberjeans und Nikes.

Dieses legere Bild darf aber nicht täuschen. Check Point gehört international zu den ganz großen Cyber Security-Unternehmen mit 100.000 Firmenkunden. Darunter finden sich so unterschiedliche wie der Schweizer internationale Versicherungskonzern Swiss Re, der deutsche Haushaltsgerätehersteller Miele oder der japanische Maschinenbauer Mitsubishi Heavy Industries. Check Point wurde 1993 in Israel gegründet und notiert längst an der New Yorker Technologiebörse Nasdaq.

Check Point-Manager Gabi Reish: Wir sehen immer trickreichere Versuche, Daten zu ergaunern.

Gabi Reish ist Vice President für Product Management bei Check Point. Er gibt eine Analyse der Hacker oder spezieller Angreifer-Gruppen: „Erstens geht es einmal ums Finanzielle, also um den Diebstahl von Kundendaten und Kreditkarten-Konten. Zweitens ist da eine 5000 Jahre alte Branche, die sich Spionage nennt, also handelt es sich um staatliche Attacken. Und drittens gibt es eine weitere, inhomogene Gruppe, die andere Ziele verfolgt: Dabei kann es sich um Öko-Themen handeln oder um frustrierte ehemalige Mitarbeiter, die sich rächen wollen. Wir reden hier von politischen Protesten oder vom Cyber-Terrorismus."

Auch Reish berichtet, dass die Angriffe an Komplexität zunehmen. Entsprechende Software-Tools werden am globalen Schwarzmarkt gehandelt und stehen so unterschiedlichen Kriminellen zur Verfügung. Darüber hinaus haben sich die Möglichkeiten erweitert, in bestehende Systeme einzudringen. Das bringt etwa die Cloud mit sich, in der Unternehmen wie Private ihre Daten ablegen, vor allem aber die Vielfalt an Mobiltelefonen und iPads. Denn diese lassen nicht so leicht schützen wie Standgeräte. Reish verweist noch zusätzlich auf „soziale Aspekte", etwa immer trickreichere Versuche, Daten zu ergaunern, mittels Phishing-Attacken und fingierten Mails an Kunden – sei es ihre Kreditkarte betreffend oder ein angebliches Problem bei ihrem Amazon-Account.

Reish erwähnt als Gegenstrategien einige Maßnahmen. So solle ein Unternehmen seinen IT-Bereich in einzelne Abschnitte aufteilen, damit bei einem Eindringling nicht sofort alles offen liege. Er vergleicht dies mit Schotten in einem Schiff, die bei Wassereinbruch das Sinken verhindern sollen. Eine andere Einrichtung nennt er die „Sandkiste", in der man gefährliche Pakete detonieren lassen könne, ehe sie ins System kommen. Das sind Schleusen, in denen erst einmal das hereinkommende Material überprüft wird, bevor es weiter darf und eventuell Schaden anrichtet. Und schließlich gibt es von seiten einer Cyber Security-Firma eine Reihe von Maßnahmen zum Aufräumen, wenn doch etwas passiert ist. So wird etwa die Kommunikation mit dem Angreifer aufgenommen, aber anders als dieser sich das gedacht hat. „Die Attacker wollen ja etwas vom Angegriffenen heraus transportieren", so Reish. „Damit machen sie sich selbst verwundbar – für falsche Information oder für Gegenangriffe."

Alfred Bettheil betreut für einen weiteren israelischen Großen aus der Cyber Security-Szene österreichische Firmen. Bettheil pendelt im Auftrag von Radware mehrmals im Monat zwischen Tel Aviv und Wien. Er hat in Österreich etwa 60 Kunden und diese kommen aus allen Branchen: Es sind große Banken darunter, hier tätige globale Indus-

Angriff durch die Hintertüre:
Strom-Verteilerkasten als neues Einfallstor für Hacker.

Alfred Bettheil betreut für das israelische Unternehmen Radware 60 Kunden in Österreich: Banken und Industriefirmen, Handelskonzerne und die Telekom Austria.

triegruppen, Handelskonzerne, Energieversorger und auch die Telekom Austria mit sämtlichen Auslandstöchtern. International setzen etwa Ebay, Bloomberg oder die New York Stock Exchange auf die Dienste von Radware.

Bettheil weiß ebenfalls, dass die Cyber-Attacken aus dem Web intensiver geworden sind: „Früher einmal haben sie ein, zwei Tage gedauert, heute gehen manche über ein bis zwei Wochen." Entsprechend hartnäckig müssen die Unternehmen verteidigt werden. Aber es genügt nicht, einfach die Tore zu schließen, auch damit hätten manche Angreifer ihr Ziel erreicht, nämlich die normalen Abläufe in den Unternehmen zu stören. Daher stellen die Cyber Security-Firmen so genannte „Emergency Response Teams" auf, Notfallmannschaften, die beim Einsetzen von Attacken auf einen Kunden blitzartig aktiv werden. Darüber hinaus bieten sie komplexe Backup-Systeme an, teils mit eigenen Rechenzentren in unterschiedlichen Teilen der Welt. Dort sind manche Funktionen ihrer großen Kunden spiegelgleich gedoppelt. Wenn etwa eine Bank angegriffen wird, dann kann sie so trotz teilweiser Sperre ihres Hauptrechners den Zahlungsverkehr weiter sicher abwickeln. Trotz fähiger Hacker im Dunkel des Webs.

Der Weltkonzern des Eisenbahnersohnes

INDITEX – MIT SEINER BEKANNTESTEN MARKE ZARA – IST DAS GRÖSSTE BEKLEIDUNGSUNTERNEHMEN EUROPAS. SEIN GRÜNDER, AMANCIO ORTEGA, STAMMT AUS EINER ARMEN FAMILIE IN DER SPANISCHEN PROVINZ.

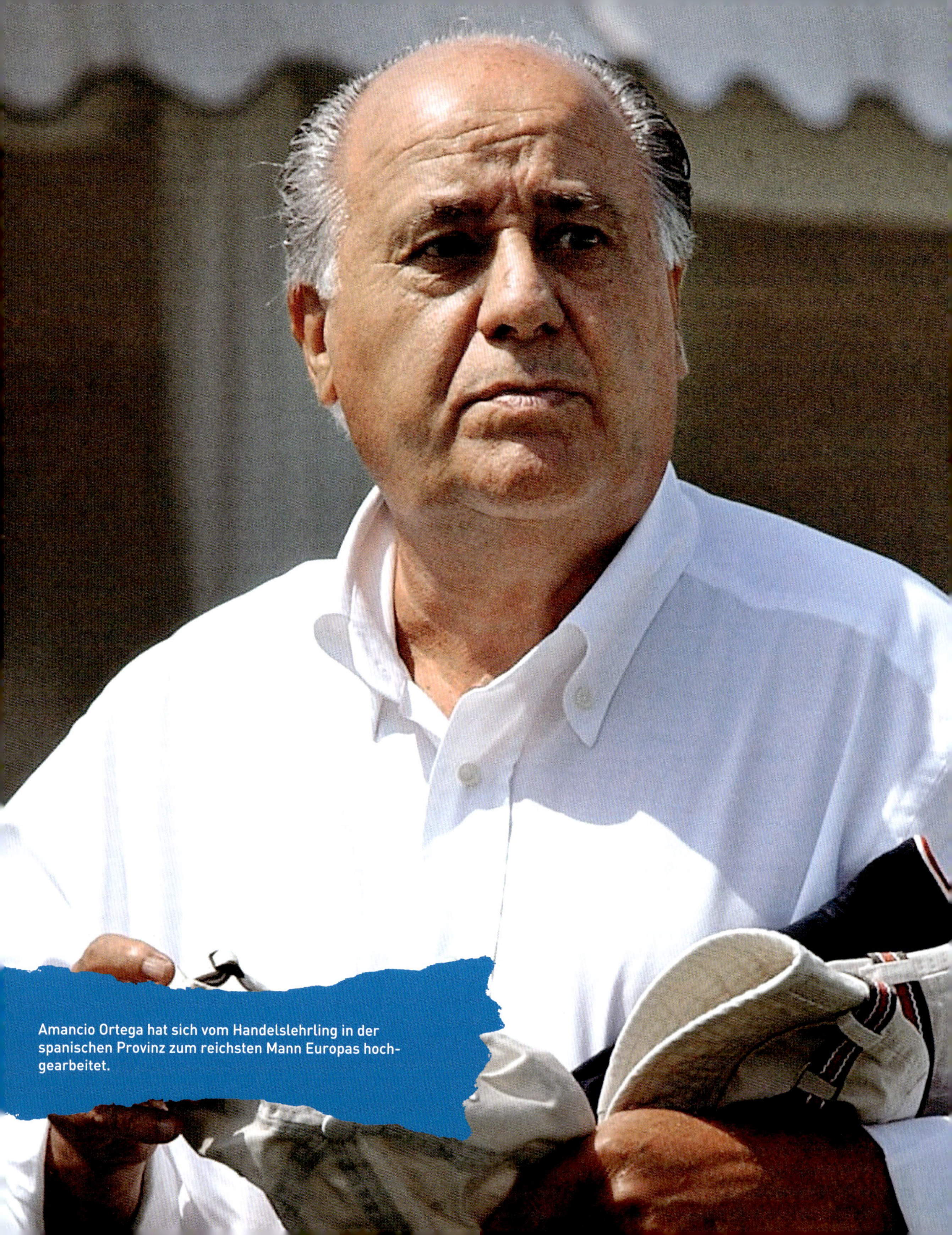

Amancio Ortega hat sich vom Handelslehrling in der spanischen Provinz zum reichsten Mann Europas hochgearbeitet.

Zara-Produktion in Spanien: eigene Fabriken, moderne Zulieferer und nach wie vor Heimarbeit.

Diese Zahlen kann man sich kaum vorstellen. Mehr als 150.000 Frauen und Männer arbeiten weltweit für die spanische Unternehmensgruppe Inditex. Sie betreibt 7.000 Geschäfte in 88 Ländern, dazu Fabriken, Lager, Verteilerzentren, Tochterunternehmen. Aber diese Zahlen sind nicht statisch, sie entwickeln sich, und zwar steil nach oben: Allein im Jahr 2015 hat Inditex 330 neue Filialen aufgesperrt, 15.800 Mitarbeiter zusätzlich aufgenommen, davon mehr als 4.000 zuhause in Spanien. Und das Ganze ist hoch profitabel. Nachdem vom globalen Umsatz von 20 Milliarden Euro alle Kosten und Steuern abgezogen wurden, bleibt ein Nettogewinn von 2,8 Mrd. Euro übrig. Das ist gerade im Handel, wo oft sehr eng kalkuliert wird, sehr viel.

Was ist eigentlich Inditex? Sein Herzstück und seine bekannteste Handelsmarke heißt Zara, allein diese verkauft leistbare Mode für Damen, Herren und Kinder in mehr als 2.000 Geschäften rund um den Erdball. Und selbst wenn die Kleidungsstücke eher dem unteren und mittleren Preissegment angehören, findet man die größten von ihnen, die so genannten „Flagship Sto-

Zara-Flagship-Store in Wien:
Das Spiegelbild des Steffl als Teil der Auslagendekoration.

res" an den besten Adressen: an der New Yorker Fifth Avenue, am Boulevard de la Madeleine in Paris oder am Paseo de Gracia in Barcelona. Wer aus dem größten Wiener Zara Store in Freie tritt, schaut direkt auf die Stephanskirche.

Doch rund um Zara hat der Bekleidungskonzern noch eine Reihe anderer Marken gruppiert: Das ist etwa Massimo Dutti, etwas teurer als Zara und mit Angeboten für Damen, Herren und Kinder; jugendliche Damenmode wird unter den Brands Pull & Bear, Bershka und Stradivarius verkauft; dann gibt es noch die Wäschekette Oysho, die Taschen-, Schuh- und Accessoireläden Unerqüe und schließlich Zara Home, Geschäfte für Tisch- und Bettwäsche, Gläser oder Geschirr.

Hinter den Kulissen unterscheidet sich Inditex grundlegend von anderen internationalen Handelskonzernen. Denn was die Kunden nicht sehen, ist jener lange Weg, bis die Ware in den Geschäften angeboten wird. Und Inditext kontrolliert einen Großteil dieses Weges selbst. Man nennt dies vertikale Integration, wenn jemand Herstellung und Verkauf selbst betreibt. Es beginnt mit den hauseigenen Designabteilungen, wo die Mode entworfen wird. Dort kommen laufend Berichte von so genannten Scouts herein. Auch aus den Stores wird berichtet, was wo gerade getragen wird und auf den Straßen bereits en vogue ist. Und natürlich beobachtet man genau

Design-Studio von Zara:
Anregungen kommen von den Filialen, von Scouts und auch von den internationalen Fashion Shows.

die Modeschauen der großen internationalen Designer, holt sich auch dort Anregungen.

Dann werden diese Entwürfe umgesetzt, und zwar entweder gleich in eigenen Fabriken, bei langjährigen Partnerfirmen, bei Tausenden von Heimarbeiterinnen in Spanien und Portugal, oder auch bei Lieferanten in anderen Erdteilen, in Lateinamerika oder Asien. Doch Inditex verweist stolz darauf, dass 60 Prozent seiner Produkte aus Europa und der unmittelbaren Umgebung, Nordafrika und der Türkei stammen, deutlich mehr als bei der Konkurrenz.

Das hat gute Gründe und ist im Konzept des Textilkonzerns fest geschrieben. Denn das oberste Prinzip lautet Geschwindigkeit, wie der englische Fachausdruck sagt: „Time to Market". Zwei Mal pro Woche bekommen sämtliche Filialen neue Ware. Das bringt zwar einen enormen logistischen Aufwand mit sich: genau planen, verpacken, versenden, einreihen. Es bedeutet aber für die Konsumentin oder den Konsumenten, dass es immer wieder etwas Neues im Geschäft zu sehen gibt.

Logistik-Zentrale von Inditex:
Zweimal wöchentlich neue Ware für sämtliche Filialen.

Früher einmal fand man im Textilhandel eine Sommer- und eine Winterkollektion, und wenn man diese einmal angeschaut hatte, brauchte man die Geschäfte nicht mehr betreten. Jetzt ist permanenter Wandel angesagt, und dieser wird durch einen einfachen Trick noch einmal verschärft. Denn von jedem Kleidungsmodell gibt es nur eine beschränkte Zahl pro Store. Die Kundin kann sich also nicht sicher sein, dass sie dieses morgen erhält, wenn sie nach Hause geht und sich den Kauf nochmals überlegen möchte. Also ist sie dazu angehalten, schnell oder spontan zu kaufen, damit sie nicht zu spät kommt. Die relativ moderaten Preise verlocken zusätzlich zu diesen Spontankäufen.

Für das Unternehmen bringen diese kleinen Serien ebenfalls Vorteile: Man kann schnell reagieren, wenn ein Modell oder eine Farbe nicht ankommt, und statt dessen etwas anderes liefern. Umgekehrt können Renner nachproduziert werden. Das alles geht aber nur, wenn die Näherinnen nicht in China oder Bangladesch sitzen und die Ware wochenlang im Containerschiff in Richtung Europa unterwegs ist. Wenn ein Geschäft in Graz oder München etwas nachbestellt, lassen sich diese Stücke innerhalb von Tagen in Spanien oder Portugal produzieren.

Wer hatte die Idee für dieses komplexe System? Es hat sich wohl schrittweise im Laufe der Jahre entwickelt und verbessert. Aber es gibt einen Gründer des Unternehmens, der auch heute als 79-Jähriger noch täglich in der Firma anzutreffen ist, aktuelle

Designs diskutiert, über neue Standorte entscheidet. Er sitzt auch ganz ohne Dünkel mit den einfachen Arbeitern in der Cafeteria beim gemeinsamen Mittagessen.

Armancio Ortega Gaona, Jahrgang 1936, stammt aus einer armen Eisenbahnerfamilie. Schon mit 14 musste er Geld verdienen, in einem kleinen Textilladen im nordwestspanischen La Coruna. Dort lernte er auch das Schneiderhandwerk, und dort dürfte er das erste Mal mit Heimarbeit in Kontakt gekommen sein. Denn die Region, in der er aufwuchs, Galicien, war wirtschaftlich eher schwach aufgestellt. Bloß an der Küste brachten Schiffbau, Fischerei und Konservenfabriken einiges an Wohlstand, das agrarische Hinterland blieb arm. Und das Nähen stellte für die Bäuerinnen einen wichtigen Zuverdienst dar.

Auf dieses System setzte Ortega schon in seiner ersten Firma, die er mit zwei Brüdern und einer Freundin, seiner späteren Frau, gründete. Sie ließen Bademäntel und Wäsche nähen. Die Firma hieß Confecciones GOA, seine eigenen Initialen AOG einmal umgedreht. Im Jahr 1975 eröffnete Ortega sein erstes Zara-Geschäft in La Coruna. Ursprünglich hatte es Zorba geheißen, aber es gab in der Gasse eine Bar mit gleichem Namen, also musste man ihn ändern, wollte aber so viele Buchstaben wir möglich vom bereits produzierten Namensschild verwenden. So wurde Zara daraus, heute eine Weltmarke.

Bald eröffnete Ortega erste Filialen, in Spanien und im benachbarten Norden Portugals, in Porto. Und auch nähen ließ er jenseits der Grenzen, denn rund um die portugiesische Hafenstadt gab es ebenfalls zahlreiche Heimarbeiter. Diese beiden Regionen am Atlantik würden wohl heute anders dastehen – wesentlich ärmer – , hätte Ortega nicht auf dieses Geschäftsmodell gesetzt. Und heute findet man dort neben den Heimarbeitern eine Fülle von florierenden Zulieferbetrieben, sowohl im Textilbereich als auch bei Leder, Schuhen und Accessoires.

Ortega blieb trotz des rasanten Wachstums seines Unternehmens persönlich bescheiden und hielt sich im Hintergrund. Bis zum Börsengang von Inditex im Jahr 2002 gab es keine Fotos von ihm, und auch heute meidet er große Auftritte und das Scheinwerferlicht. Er besitzt selbst noch etwa 60 Prozent der Firmenanteile und gilt damit als reichster Europäer, international als Nummer zwei der Superreichen hinter dem Amerikaner und Microsoft-Gründer Bill Gates. Erst recht spät in seiner Karriere leistete sich Ortega ein Pferdegestüt und eine Jacht, was er allerdings immer genoss, waren schnelle Autos. Im Unternehmen ist längst neben ihm ein professionelles Management von außen eingezogen. Aber seine Tochter aus zweiter Ehe, Marta, dürfte nach ihm an die Spitze von Europas wichtigstem Textilunternehmen rücken.

Die Revolution der Maschinen

VIELE JAHRHUNDERTE LANG PRODUZIERTEN DIE MENSCHEN IHRE WAREN MIT MUSKELKRAFT. MIT DEM INDUSTRIEZEITALTER ÄNDERTE SICH DAS RADIKAL, AUCH IN DER HAUPTSTADT DES ÖSTERREICHISCHEN KAISERREICHES, IN WIEN.

Historische Textilmaschine der Firma Starlinger:
Die Mechanisierung verdrängte die kleinen Werkstätten der Seidenfabrikanten.

Dampflok Steinbrück im Technischen Museum Wien: Sie wurde schon in Wien gebaut, nicht mehr aus England importiert.

Ob in der antiken Welt oder im europäischen Mittelalter, die Bedingungen, unter denen die Menschen ihre Waren erzeugten, sahen ganz ähnlich aus: Es waren Werkstätten, in denen mit Muskelkraft die notwendigen Produkte hergestellt wurden, ob es sich um Schuhe handelte oder um Schwerter, um Kutschen oder um Schiffe. Schwere Lasten wurden mit Kränen gehoben, aber auch deren Seilzüge bewegten Menschen oder Zugtiere. Selbst Bergwerke oder Eisenschmelzen waren noch vergleichsweise klein und dominiert von menschlicher Anstrengung.

Im 18. Jahrhundert setzten sich dann in Europa langsam neue Produktionsstätten durch, man nannte sie Fabriken. Aber Fabrik bedeutete damals noch nicht, was im heutigen Sprachgebrauch geläufig ist. Beim weitaus überwiegenden Teil handelte es sich um Manufakturen, bessere Handwerksbetriebe. In Wien gab es von ihnen einige wenige, etwa eine Porzellanmanufaktur oder einen Möbelhersteller namens Danhauser. Dieser beschäftigte mehr als 100 Arbeiter und exportierte seine Tische und Sessel bereits nach Ungarn, nach Galizien, nach Triest, in verschiedene deutsche Länder sowie nach Frankreich, in die Türkei und nach Russland.

Zum Kreis der frühen Fabrikanten in der Hauptstadt des Reiches gehörten weiters Spoerlin & Rahm mit Papiertapeten, Treu & Nuglisch mit Parfümeriewaren oder die Gebrüder Hardtmuth mit Bleistiften und Steinzeug. Diese Unternehmen versorgten den gesamten österreichischen Markt und konnten bereits beträchtliche Mengen exportieren.

Weitere Gründungen dieser Jahre betrafen etwa den Apparate- und Instrumentenbau. So erzeugten Peter Wilhelm Friedrich von Voigtländer und Simon Plößl optische Geräte (Voigtländer übersiedelte später nach Deutschland, Objektive dieses Namens werden noch heute in Japan erzeugt). Bekannt wurden die Klaviere von Ignaz Bösendorfer und Baptist Streicher. Aber auch die öffentliche Hand investierte damals in Produktionen. So befand sich etwa eine der größten Gewehrfabriken der Monarchie im Eigentum des Staates, sie erzeugte ihre Waffen mitten im neunten Bezirk, wo heute das Anatomische Institut der Medizinischen Universität steht.

Es war aber eine ganz andere Branche, die in Wien für einige Jahrzehnte zur wichtigsten werden sollte: die Seidenindustrie. In Wahrheit handelte es sich um eine Mi-

Stehende Dampfmaschine:
Die neue Technik revolutionierte die Industrie.

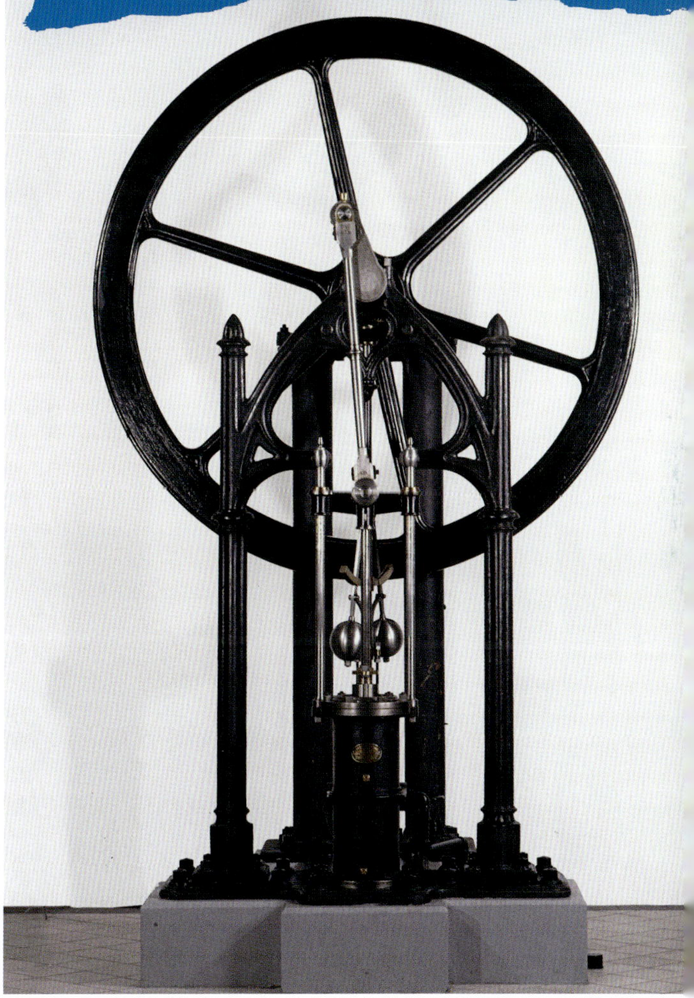

schung aus gewerblicher Produktion, Heimarbeit und Fabriksfertigung: Gesponnen wurde im sogenannten Verlagssystem auf Auftrag bei Heimarbeitern, gefärbt oder gedruckt meist in größeren Unternehmen. Hatte es 1760 rund 2.000 Beschäftigte in dieser Branche gegeben, waren um die Jahrhundertwende bereits etwa 20 Prozent aller Arbeiter in Wien in ihr tätig. 1813 gab es in Wien 600 Seidenzeugfabrikanten mit etwa 15.000 Beschäftigten und 8.000 Webstühlen. Das Zentrum lag im heutigen siebenten Bezirk, von dem Teile noch immer als „Seidengrund" oder „Brillantengrund" bezeichnet werden – letzteres wegen der guten Profite der Fabrikanten.

Aber dieser Boom dauerte nicht lange an. Denn aus Übersee kam ein neues Material – die Baumwolle –, und aus England importierten die findigsten Unternehmer völlig neue Maschinen, die die Arbeitswelt revolutionierten. Diese Spinnmaschinen und mechanischen Webstühle sollten innerhalb weniger Jahrzehnte die Heimarbeit und die kleinen Werkstätten fast gänzlich zum Verschwinden bringen. In Wien hatte der Hamburger Fabrikant Christian Georg Hornbostel erste Webstühle eingeführt – in Gumpendorf investierte er kräftig und stellte mehr als 200 dieser neuen Maschinen auf.

Die Industrielle Revolution beschränkte sich aber nicht auf das Spinnen und Weben. Innerhalb weniger Jahrzehnte führten neue Erfindungen zu neuen Anwendungen. Die Maschinenbauer dieser Zeit begannen verstärkt, neue Techniken zu verwenden, etwa Drehbänke, Bohr- und Hobelmaschinen oder mächtige mechanische Hämmer. Wohl den entscheidenden Technologieschub brachte aber die Dampfmaschine.

Zuerst bewegte diese nur Lokomotiven und kleinere Schiffe, dann drang sie rasch in die gesamte Maschinenbauindustrie vor. Zwar war die erste Eisenbahnstrecke in Österreich bereits 1824 von Linz nach Budweis errichtet worden. Dort hatten aber noch Pferde die Wagen gezogen. Der erste Bauabschnitt der dampfbetriebenen Kaiser-Ferdinands-Nordbahn wurde 1837 fertiggestellt – einige wenige Kilometer von Floridsdorf bis Deutsch-Wagram.

Nun ging es richtig los: Der Maschinen- und Waggonbau stimulierte zahlreiche weitere Branchen – bis hin zu den Ausstattern für die feinen Salonwagen des Hofes; die Bauwirtschaft boomte – mit Projekten, die vom Gleisbau bis zur Errichtung eleganter Ausflugshotels an den neuen Strecken reichten; und um all das zu finanzieren, bildeten sich mächtige Aktiengesellschaften und Banken. Schließlich sollte die Bahn das infrastrukturelle Rückgrat für eine schnelle Industrialisierung des gesamten Reiches werden. Die Verbindungen schlossen Wien im Norden an die schlesischen Kohlenreviere an, im Süden an die Häfen der Adria.

Siemens-Werk in Wien kurz vor dem Ersten Weltkrieg: Der elektrische Strom ersetzte schnell die Dampfkraft.

Die neue Technologie wuchs bald über Lokomotiven hinaus. Sie gab vor allem den Anstoß zur Modernisierung zahlreicher anderer Branchen. So vervielfachte sich der Einsatz von stehenden Dampfmaschinen in den Industriehallen allein innerhalb eines Jahrzehnts, zwischen 1841 und 1851, von 60 in Österreich (231 in der gesamten Habsburgermonarchie) auf 170 bzw. 903. Von diesen waren bereits 700 im Inland gebaut worden. Ein Großteil des Maschinenbaus wie der Lokomotivfabriken war in und um Wien konzentriert.

Diese Industrielle Revolution veränderte auch das Stadtbild der Kaiserstadt. Denn die neuen Unternehmen brauchten Platz, viel Platz: Hatte sich die Seidenproduktion noch zum Gutteil in den inneren Bezirken Gumpendorf und Neubau befunden, siedelten sich die Lokomotivfabriken in der Nähe der neu errichteten Bahnhöfe an, zwischen Floridsdorf und Favoriten. Die erste große Lokomotivfabrik, die Maschinenfabrik der Wien-Gloggnitzer Eisenbahn, wurde 1839 unter der Leitung eines englischen Ingenieurs, John Haswell, errichtet – auf dem Gebiet des heutigen Hauptbahnhofs. Sie beschäftigte in den 1850er Jahren bereits mehr als 800 Arbeiter. Der Amerikaner William Norris gründete eine weitere Lokomotivfabrik in Währing. Diese ging später an den niederösterreichischen Unternehmer Georg Sigl über, der in den 70er Jahren zum bedeutendsten Maschinenfabrikanten der Monarchie aufstieg und schließlich eine dritte große Lokomotivfabrik in Wiener Neustadt übernahm.

Auch auf anderen Gebieten leisteten zugewanderte Unternehmer „Entwicklungshilfe" für die zuerst etwas rückständige österreichische Wirtschaft. Es waren vor allem Unternehmer aus Westeuropa, die damals die Wiener Industrie modernisierten. Zu ihnen gehörten etwa die Dampfmaschinenbauer M. Fletcher und J. Punshon aus England oder der Straßburger Uhrmacher Jean-Baptiste Schwilgué und sein Partner Frédéric Rollé. Ihre Wiener Fabrik erzeugte erst Waagen und spezialisierte sich dann auf den Waggonbau. Sie wurde später zur Simmeringer Waggonbaufabrik, dann zu Simmering-Graz-Pauker und ging schließlich in Siemens Österreich auf.

Der Zuwanderer Heinrich Lohner aus dem Rheinland gründete in Wien eine Kutschenfertigung, die unter seinem Sohn Jacob zur größten der Monarchie wurde. Die nächste Generation baute dann schon Autos und Flugzeuge. Ein talentierter Ingenieur namens Ferdinand Porsche aus Mähren arbeitete übrigens eine Zeitlang für Lohner. Die schnell wachsende Fabrik Clayton & Shuttleworth, von Engländern gegründet, erzeugte Landwirtschaftsmaschinen und beschäftigte zur Jahrhundertwende bereits mehr als 1.000 Mitarbeiter. Jetzt war auch Österreich endgültig unter den industrialisierten europäischen Nationen angekommen. Beim nächsten großen Modernisierungsschritt, jenem der Elektrizität, sollte Wien schon nicht mehr hinterherhinken. Der deutsche Pionier Werner von Siemens hatte seinen Sohn Arnold in die Kaiserstadt geschickt, und aus dessen kleinem technischen Büro entstanden innerhalb weniger Jahrzehnte gleich mehrere Großbetriebe.

Industrie außerhalb der Hauptstadt

Die Industrialisierung Österreichs fand freilich nicht bloß in und um Wien statt. Im Gegenteil: Es gab alte vorindustrielle Kerne in anderen Teilen der Monarchie. Die Eisenerzeugung in der Steiermark und in Oberösterreich reichte lange zurück, und auch diese wurde im 19. Jahrhundert rasch modernisiert und dramatisch vergrößert. So wanderte sie etwa von den kleinen Hochöfen in Vordernberg – nahe dem Erzberg – hinaus nach Donawitz, wo riesige Anlagen auf die grüne Wiese gestellt wurden. In Niederösterreich und in Mähren konzentrierte sich die Textilindustrie, in Steyr und in Pilsen wurden Geräte und Waffen erzeugt. Und in Schlesien entstanden rund um die dortigen Kohlengruben mächtige Stahlwerke und Chemiefabriken – mit allen dazugehörenden Umweltproblemen.

Süße Grüße

STEFANIE KERNSTOCK IST KONDITORMEISTERIN – SEIT WENIGEN MONATEN AUCH UNTERNEHMERIN IN EINEM DORF NAHE ST. PÖLTEN

Stefanie Kernstock in ihrer Backstube:
kunstvoller Marzipan-Dekor für Hochzeitstorten.

Kaffee und Kuchen mobil:
Zweimal in der Woche steht der Bus von Stefanie Kernstock auf dem Markt in St. Pölten.

Ideen muss man haben. Stefanie Kernstock hatte schon vor Jahren immer von einem VW-Bus geträumt, mit dem sie die Welt kennenlernen wollte. „Wenn jetzt auch ein Geschäft daraus wird, umso besser." Die 24-Jährige besitzt seit einigen Monaten einen Bus – zwar ist es ein Renault und kein Volkswagen – und sie steht damit zweimal in der Woche auf dem Markt im niederösterreichischen St. Pölten. An Bord ist eine Espressomaschine – und vor allem enthält er Vitrinen und Kühlfächer für ihr süßes Angebot.

Das verkauft sich exzellent. „Der Bus bringt schon die Hälfte von meinem Umsatz", erzählt die Konditor-Meisterin. Die andere Hälfte machen Lieferungen an drei St. Pöltner Kaffeehäuser aus, sowie Torten für Anlässe: Hochzeiten und Taufen, Geburtstage und Firmenfeiern. Für den Bus hat Stefanie Kernstock auch Erspartes in die Hand genommen, immerhin 20.000 Euro. Er war gebraucht, aber in ausgezeichnetem Zustand. „Das Fahren ist halt schon noch etwas ungewohnt. Mein anderes Auto ist ein kleiner Ford Ka."

Der Erfolg mit dem Marktgeschäft ist für das Selbstbewusstsein der jungen Frau ganz wichtig. Denn erst vor wenigen Monaten hat sie das Konditorei-Unternehmen von ihrer Mutter Gerda übernommen. Sie hat es nicht geschenkt bekommen, sondern gekauft, darf es aber in mehreren Jahresraten abzahlen. Und da die Torten, Kekse und Kuchen in der ganzen Gegend rund um das Dorf Hafnerbach schon gut eingeführt waren, freut es Stefanie besonders, dass ihr erstes eigenes Projekt so gut eingeschlagen hat.

Gegründet hatte ihre Mutter die Firma nicht aus kühnem Unternehmensgeist, sondern aus Notwehr. Ihr langjähriger Arbeitgeber, ein Konditor, hatte sein Geschäft zugesperrt und das Lokal an eine Handelsfirma vermietet. „Ich war schon gegen 50 und habe zwei Möglichkeiten gehabt: resignieren, oder was Neues machen", erzählt Gerda Kernstock. Also kaufte sie einen Backofen, adaptierte den Keller des Einfamilienhauses und begann mit der Tortenproduktion für die nächste Umgebung. Einige Jahre pendelte sie noch als Angestellte zu einem 60 Kilometer entfernten Konditor, dann wagte sie endgültig den Sprung in die Selbständigkeit.

Ihr kleines Unternehmen entwickelte sich gut, neben Hochzeitstorten hatte sie auch ein breites Angebot an lustigen, schrägen Kreationen: etwa gebackene Feuerwehrautos, Porsches oder überdimensionierte Bierflaschen. Dennoch wollte sie ihre Tochter nicht unbedingt als Nachfolgerin sehen: „Ein Großteil der Arbeit fällt halt doch am Wochenende an, denn wir machen alles frisch." Stefanie ließ sich davon aber nicht abbringen. Am Ende ihrer Schulzeit an einer höheren Wirtschaftslehranstalt brachte sie ihrer Mutter eine Liste möglicher Lehrbetriebe – in Niederösterreich und in Wien. Diese gab nach, und Stefanie wurde nach einem Aufnahmetest der einzige Konditor-Lehrling im Wiener Fünf-Sterne-Hotel Sacher. „Ich war nicht in der Tortenproduktion, die ist ja ausgelagert. Ich war in der Patisserie im Hotel selbst, habe für das Restaurant und fürs Kaffeehaus gearbeitet." Den Gesellenbrief erhielt sie schon nach zwei statt der üblichen drei Jahre. Das ging, weil der Schulabschluss eigentlich schon einem Lehrabschluss entsprach.

Nun sollte der Übernahme des mütterlichen Betriebs nichts mehr im Wege stehen, denn Frau Kernstock sah bereits die Pension herannahen. Aber anders als ihre Mutter, der man als ausgebildeter Konditorin die fehlende Meisterprüfung via Dispens nachgelassen hatte, wollte Stefanie keine Kompromisse eingehen. Sie meldete sich beim Wifi für den Meisterkurs an – und jobbte noch ein Jahr bei einem Konditor in Krems – „um etwas anderes zu sehen und weiter zu lernen". Im vorigen Jahr absolvierte sie „trotz viel Lampenfieber" die mehrtägige Meisterprüfung, praktisch und theoretisch, mit einem riesigen Schoko-Herz als Meisterstück.

Vorsicht heiß:
Gebacken wird am Vortag, für die Cremen und Füllungen muss die Konditor-Meisterin dann früh aufstehen.

Jetzt beschäftigt die Jungunternehmern drei Frauen in Teilzeit, eine davon ihre pensionierte Mutter. Die Chefin steht zwei Mal in der Woche um halb vier Uhr auf, drei Mal um fünf. „Backen können wir schon am Vortag, aber die Schlagobers-Verzierungen oder die Füllungen für die Schaumrollen muss man am selben Tag machen", erklärt die Meisterin. Und der Markt im acht Kilometer entfernten St. Pölten beginnt jeden Donnerstag und Samstag schon um sieben. Gefragt, ob das mit ihrem Privatleben vereinbar ist, wenn sie als junge Frau schon um neun, halbzehn ins Bett muss, lacht sie: „Mein Freund arbeitet in Ybbs auch von Montag bis Samstag, das geht schon. Den Sonntag haben wir dann für uns. Bereut habe ich meine Entscheidung noch nie."

Die digitale Fabrik

AN DER FACHHOCHSCHULE TECHNIKUM WIEN LERNEN ROBOTER EINE GEMEINSAME SPRACHE – FÜR DIE VISION INDUSTRIE 4.0.

Mohamed Aburaia zwischen den Industrierobotern, die an der Fachhochschule Technikum Wien eine gemeinsame Sprache lernen sollen.

Der Robotino ist ein kleiner Transportroboter, der Werkstücke zu den Bearbeitungsstationen bringt.

„Hier ist der Wareneingang." Mohamed Aburaia führt durch die digitale Fabrik. Sie wurde in einer lichtdurchfluteten ebenerdigen Halle der Fachhochschule Technikum Wien aufgebaut. Aburaia ist stellvertretender Studiengangsleiter des Master-Studiengangs Mechatronik/Robotik und verantwortlich für das Projekt. Tatsächlich finden sich hier die modellhaft die wichtigsten Stationen einer modernen Industrieproduktion: Wareneingang, mechanische Bearbeitungsstationen, Montage, Qualitätskontrolle, Verpackung, Warenausgang.

Produziert wird hier freilich nicht für den wirklichen Markt, überdies wirkt das Produkt recht simpel: Es nennt sich Achslagerblock – wie man ihn eventuell in Maschinen finden könnte – und besteht lediglich aus vier Einzelteilen. „Aber unsere Roboter hier sind kein Spielzeug", erklärt Aburaia und zeigt auf die mannshohen orangen, grauen und weißen Monster. „Es sind wirkliche Industrieroboter, wie sie in echten Fabriken zum Einsatz kommen."

Welchen Zweck verfolgen die wissenschaftlichen Mitarbeiter und die Studenten der Fachhochschule mit dieser Versuchsanlage? Es sind immerhin zehn Industrieroboter, die hier ihre gemeinsame Arbeit verrichten. Das Thema ist Industrie 4.0, hier auch etwas knapper digitale Fabrik genannt. Dabei geht es darum, dass sich Produktionsprozesse weitgehend selbst steuern, dass die einzelnen Arbeitsstationen

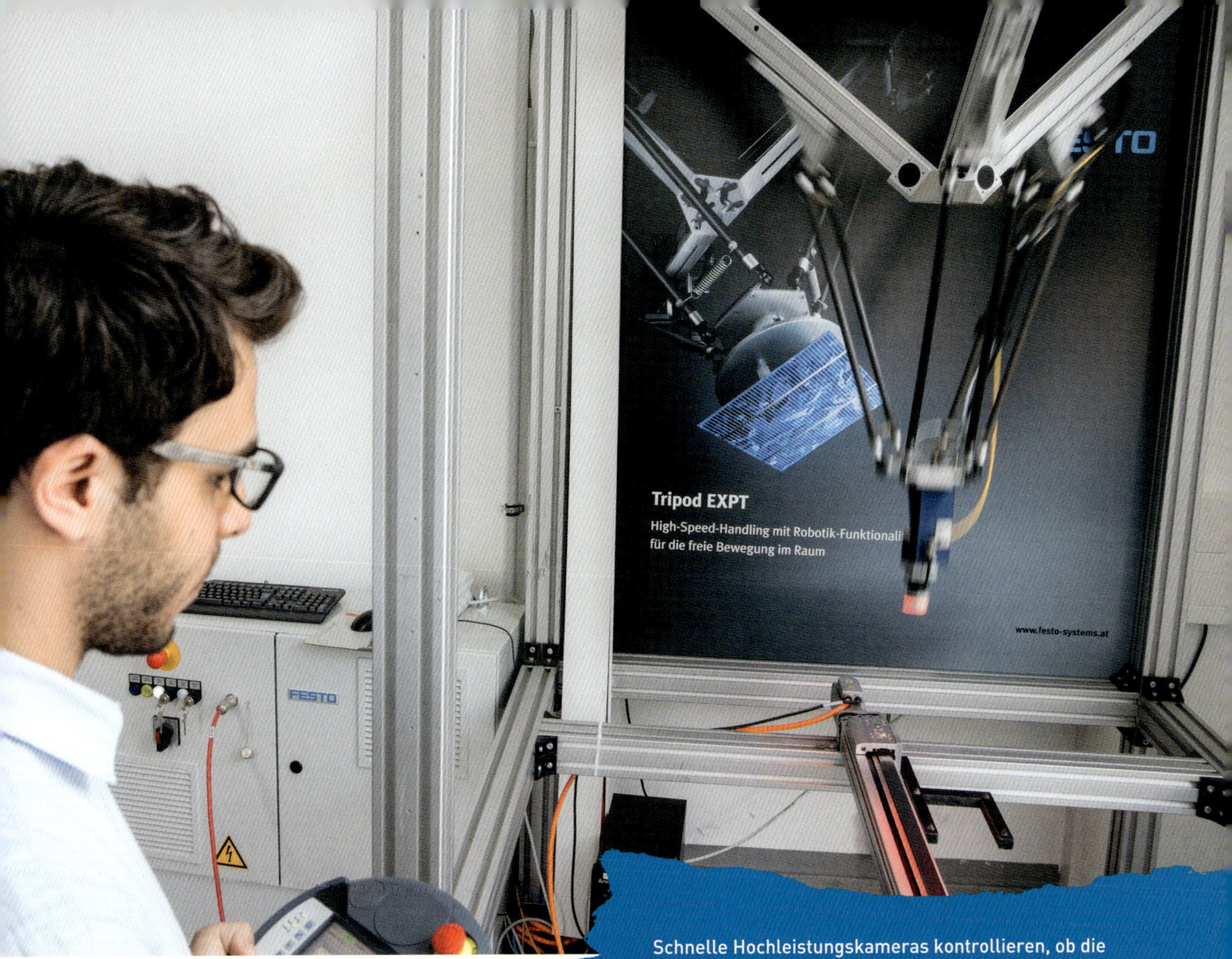

Schnelle Hochleistungskameras kontrollieren, ob die Werkstücke korrekt zusammengesetzt wurden und ob es noch Grate oder scharfe Kanten gibt.

Informationen austauschen. Später einmal werden die Produkte selbst Barcodes oder Ähnliches enthalten und ihren Bearbeitungsstationen mitteilen, was mit ihnen bereits gemacht wurde, und was als nächstes gemacht werden sollte.

„Entscheidend ist, dass die Roboter, die von unterschiedlichen Herstellern kommen, miteinander kommunizieren können", erklärt Aburaia. „Denn noch gibt es für sie keine gemeinsame Sprache. An dieser arbeiten wir hier unter anderem." Man bezeichnet das auch als Schnittstellen, wo ein Arbeitsvorgang von einer Maschine zur nächsten übergeben wird, mit aller dazugehörigen Information.

Hier, in der digitalen Modellfabrik, ist das noch recht übersichtlich. Der erste Roboter

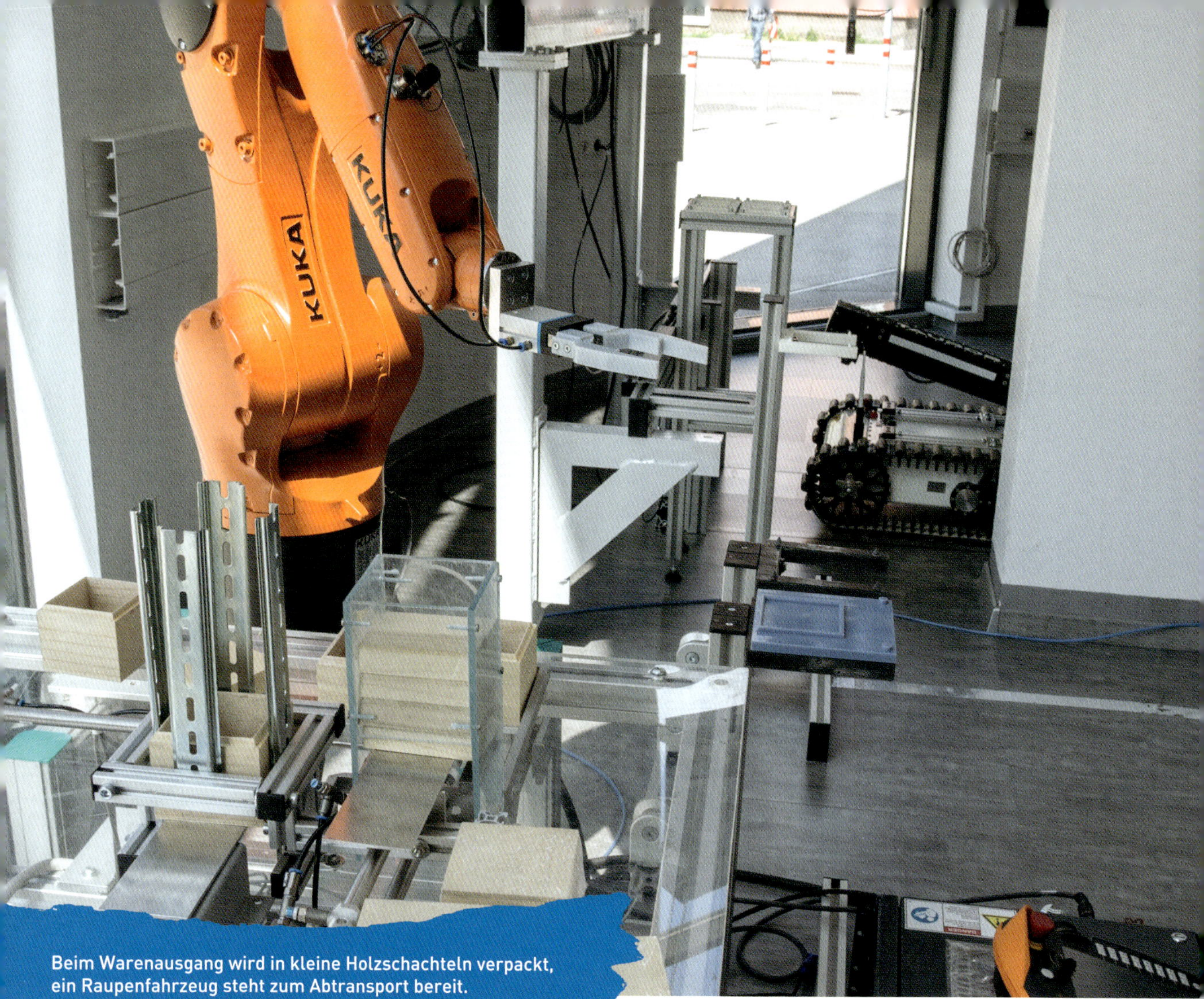

Beim Warenausgang wird in kleine Holzschachteln verpackt, ein Raupenfahrzeug steht zum Abtransport bereit.

beim Wareneingang überprüft einmal, was alles an Vormaterialien da ist. Er hat von einem Tablet seine Befehle bekommen, was der Kunde wünscht, also was mit diesen Vorprodukten geschehen soll. Nun übernimmt ein Transportroboter die für diesen Auftrag notwendigen Bauteile. Dieser ist etwa so groß wie ein gläserner Beistelltisch in einem Wohnzimmer, allerdings auf Rädern, angetrieben mit Elektromotoren und rundum versehen mit Sensoren. Und er wird die Teile jetzt zu den Bearbeitungsstationen bringen. Das sind hier in der Mini-Fabrik zwei unterschiedliche Fräs-Roboter.

„Die Transportfahrzeuge – sie heißen Robotinos – fahren nicht auf Schienen, die unter dem Fußboden verlegt sind, sondern gänzlich autonom", erzählt der Lehrgangsleiter. „Wenn ich irgendwo im Weg stehe, fahren sie nicht in mich hinein, sondern bleiben stehen und steuern um mich herum." Und die kleinen Wägelchen kommunizieren auch mit den anderen Robotern in der Fabrik. Wenn etwa die eine Fräs-Station gerade arbeitet und belegt ist, steuern sie sofort die andere an.

Das nennt sich flexibler Workflow und kann in der Industrie von großem Nutzen sein. Wenn es etwa bei einer größeren Fabrik Probleme an einem Bearbeitungs-Automaten gibt, steht nicht mehr die ganze Produktion still. Man weicht einfach auf parallele Stationen aus. Und wenn sich ein Produkt besonders gut verkauft, kann man ganz leicht zusätzliche Bearbeitungs-Roboter hinzufügen, die dann mehr derselben Güter herstellen.

Dafür ist es auch wichtig, dass einander Roboter unterschiedlicher Hersteller verstehen. Denn man kann nicht davon ausgehen, dass in einer Fabrik nur Roboter von Siemens, Kuka oder ABB stehen, es gibt noch andere Lieferanten, etwa SMC, Wittmann oder Festo. Und kein Manager möchte sich bloß auf einen einzigen Lieferanten verlassen. Er will die Möglichkeit haben, bei neuen Investitionen bei jemand anderem einzukaufen, ohne dass seine alten Maschinen dadurch wertlos werden. Das wissen auch die Roboter-Hersteller, und deshalb unterstützen sie etwa die Fachhochschule Technikum Wien, indem sie ihnen ihre teuren Geräte gratis zur Verfügung stellen. „Wir haben hier Roboter um insgesamt eine Million Euro stehen", so Aburaia, „alle geschenkt von den Unternehmen."

Von den zwei Bearbeitungsstationen holen dann die Transportmännchen die Bauteile wieder ab und bringen sie zum Montage-Roboter, der die Einzelteile zur gewünschten Baugruppe zusammensetzt. Der nächste – und vorletzte – Schritt ist dann die Qualitätskontrolle. Hier überprüft eine Hochleistungskamera, ob die Bauteile ordentlich zusammengefügt wurden, und auch, ob es nach dem Fräsen noch irgendwo scharfe Grate oder Kanten gibt, die stören. Wenn alles ok ist, kommen die kleinen Achslager-Komponenten zur Verpackung – in Mini-Holzkisten, wie sie etwa für den Versand der kleinsten Variante der Sacher-Torten verwendet werden. Am Ende der Fabrikation übernimmt dann ein rustikalerer Transportroboter mit Raupen die Boxen und führt sie aus der Fabrik hinaus.

Drei Studiengänge der FH arbeiten an dieser Modellfabrik zusammen: Neben jenem von Aburaia, dem für Mechatronik und Robotik, ist das der für Maschinenbau und der für Wirtschaftsingenieurwesen. „Noch funktioniert nicht alles so, wie wir uns das vorstellen", berichtet Aburaia aus der Praxis. „Aber wir wissen, wo wir hin wollen."

So entsteht ein Medikament

ES DAUERT JAHRE VON DER ERSTEN IDEE BIS ZUM REGULÄREN EINSATZ AM PATIENTEN.

Michael Wolzt ist Professor für Klinische Pharmakologie an der MedUni Wien und am Allgemeinen Krankenhaus AKH. Er betreut klinische Studien zu neuen Medikamenten.

Medikamente werden heute systematisch entwickelt, am Rechner und im Labor. Erst dann dürfen sie am Menschen ausprobiert werden.

„Zufallsprodukte gibt es heute nicht mehr. 1975 hat man das letzte Mal einen Naturstoff gefunden, auf den Osterinseln, aus dem dann 1999 das Medikament Rapamycin wurde. Das war der letzte große Treffer aus der Natur.“ Michael Wolzt ist Professor für Klinische Pharmakologie an der MedUni Wien und damit am Wiener Allgemeinen Krankenhaus AKH. Er betreut selbst klinische Studien zu neuen Medikamenten und er koordiniert andere Forscher dabei, in Österreich sowie international.

Heute werden Medikamente systematisch entwickelt, und am Anfang steht meist ein leistungsfähiger Rechner. „Man weiß von den Zellen, wie etwas funktioniert, und will eingreifen“, beschreibt Dr. Wolzt. „Dazu baut man sich dann ein Molekül, das gewisse Prozesse stoppt oder beschleunigt.“ Große Pharmaunternehmen haben ganze „Libraries“, also Bibliotheken mit unzähligen Molekülen, und sie lassen sie durch ihre Rechner laufen, auch von Robotern winzige Mengen zusammenmixen, um nach möglichen Anwendungen zu suchen. Wenn man glaubt, man habe etwas gefunden, beginnt man damit, Zellkulturen anzulegen. „Freilich weiß man da noch lange nicht, ob das auch im menschlichen Körper funktionieren würde, oder ob er sich nicht dagegen wehrt und gegensteuert.“ (Wolzt) Daher beginnt ab jetzt ein aufwändiger, Jahre dauernder systematischer Prozess, um den neuen Wirkstoff zu testen.

Zuerst einmal muss der Wirkstoff aufbereitet werden, damit er vom Körper aufgenommen werden kann, also eingebettet in Flüssigkeit oder Pulver. Das ist die so genannte Formulierung. Dann beginnen erste Studien mit Tieren, aber nicht um zu überprüfen, ob das Medikament wirkt. Die Tiere – etwa Ratten, Mäuse oder Hamster – haben ja die Krankheit nicht, die bekämpft werden soll. Es geht nur um die Frage, ob es giftige Nebenwirkungen gibt. Wenn das nicht der Fall ist, kommt es zu ersten Anwendungen bei Menschen. Zuvor aber muss bei den Behörden angesucht werden. In einem Dossier wird genau vermerkt, was der Wirkstoff ist und für welchen medizinischen Einsatz er gedacht ist.

Nun beginnen die klinischen Studien. Klinisch heißen sie, weil sie meistens in Kliniken und Krankenhäusern erfolgen, teilweise auch in Arztpraxen. In der Phase I bekommen gesunde Freiwillige – das sind oft Studenten, die für den Zeitaufwand bei der Studie bezahlt werden – ganz geringe Dosierungen des künftigen Medikaments, die langsam gesteigert werden. Auch hier ist das Ziel noch nicht die Wirksamkeit, sondern nur die Frage möglicher Nebenwirkungen und der Verträglichkeit. Diese Studie dauert etwa ein halbes Jahr, wird meist nur in einem Land durchgeführt und mit wenigen Probanden.

„Wenn hier alles auf Grün steht, kann man das Medikament zum ersten Mal an Patienten testen", erzählt Professor Wolzt. Nun beginnt die Phase II, mit etwa 100 bis 500 freiwilligen Patienten. Das kann schon international sein. Man setzt jetzt den Wirkstoff schon gegen konkrete Krankheiten ein. Und er wird auch verdeckt gegen Placebos getestet, also gegen Pillen oder Infusionen ohne Wirkstoff. An dieser Stelle kann bereits das Aus für manche Medikamente kommen, wenn sie sich im Vergleich nicht bewähren.

Den Pharmaunternehmen ist es auch durchaus recht, wenn hier die Notbremse gezogen wird, denn in der nächsten Runde, der Phase III der klinischen Tests, wird es wirklich teuer. Jetzt geht das Medikament an zahlreiche internationale Zentren, sprich Kliniken. Das können auch 400 oder mehr sein, rund um den Globus. Getestet wird der Wirkstoff an zehntausend Patienten. Selbst hier besteht dann nur etwa jedes zweite Medikament die ganze Prozedur. Wolzt: „Da muss man schon sehr viel Geld in die Hand nehmen, und dann können es dennoch leere Kilometer sein." Eine große Phase III-Studie kostet bis zu 250 Mio. Euro. Das wiederum können sich nur die ganz großen internationalen Pharmaunternehmen leisten. Und auch die lange Dauer des gesamten Studienverlaufs spielt eine Rolle, dieser kann schon 12 bis 15 Jahre in Anspruch nehmen.

Am Anfang des Forschungsprozesses stehen heute allerdings meist kleinere innovative Unternehmen. Sie suchen entwe-

Professor Eric Haaksma von Boehringer Ingelheim in Deutschland: Die Entwicklung geht weg von Medikamenten für alle in Richtung Präzisionsmedizin für spezielle Patientengruppen.

der nach neuen Molekülen oder testen bereits bekannte auf neue Einsatzmöglichkeiten – gegen andere Krankheiten als bisher. Diesen jungen Unternehmen fehlt allerdings der finanzielle Atem, um ihre Forschungsergebnisse auch selbst durchzutesten und die Medikamente dann auf dem Markt zu platzieren. Deshalb lassen sie sich von internationalen Konzernen ihre Patente abkaufen oder werden überhaupt gänzlich von Großen übernommen.

Aber selbst wenn ein neues Medikament seine Zulassung von den Behörden bekommt, ist trotz des gewaltigen Aufwandes noch nicht sicher, dass es auch ein kommerzieller Erfolg wird. Wolzt: „Bluthochdruck kann ich schon jetzt mit 70 verschiedenen Medikamenten bekämpfen. Warum muss ich also unbedingt ein 71. einsetzen?" Die neuen Pillen oder Infusionen müssen daher erkennbare Vorteile mit sich bringen:

Entweder sie bekämpfen eine Krankheit deutlich besser als ihre Vorgänger, oder sie sind leichter zu verabreichen (1 x täglich statt bisher 3 x), oder sie erlauben billigere Therapien. Denn der Kostendruck in den Gesundheitssystemen ist weltweit hoch. Daher haben in den letzten Jahren die Versicherungen und Spitalsbetreiber aufgerüstet und stellen den Pharmaunternehmen ihre eigenen Berechnungen gegenüber, haben sich auch international vernetzt. Nicht zuletzt wurden mit Hilfe von Generika die Preise nach unten gedrückt.

Die neueste Entwicklung auf dem Gebiet der Medikamentenforschung ist laut Professor Wolzt die Spezialisierung. „Ein Großteil der Forschung betrifft heute die Onkologie, also die Krebsbekämpfung. Und es gibt einen Trend weg von großen Krankheiten in Richtung Nischen." Man versucht dabei, immer genauer zu zielen, nicht mehr mit einem einzigen Medikament die Krankheit aller Betroffenen zu bekämpfen, sondern mit unterschiedlichen Therapien verschiedene Gruppen anzusprechen, genauer, zielgerichteter.

Es geht dabei nicht unbedingt um „personalisierte Medizin", wie das manchmal in den Medien genannt wird, so Professor Eric Haaksma von Boehringer Ingelheim in Deutschland, sondern vielmehr um „Präzisionsmedizin". Der holländische Chemiker Haaksma hatte von 2009 bis 2015 die Forschung des deutschen Pharmakonzerns in Wien geleitet, „ein internationales Forschungszentrum mit 270 Mitarbeitern, mit Schwerpunkt Onkologie, also Krebsforschung".

Der Standort Wien, in den laufend investiert wird, ist dabei verantwortlich für die klinischen Studien in der Region Mittel- und Osteuropa, sogar darüber hinaus. Unter anderem werden neben Österreich in folgenden Ländern Studien zu von Boehringer Ingelheim entwickelten Krebstherapeutika durchgeführt: In der Tschechischen Republik, in der Slowakei, in Polen, Russland, in der Ukraine, in Rumänien, Weißrussland, Israel, Litauen, Lettland, Slowenien, Ungarn und in der Schweiz.

Medikamente aus Österreich

Mehrere nationale und internationale Pharmaunternehmen forschen nicht nur in Österreich, sondern stellen hier auch Medikamente her. Das macht etwa Baxalta, das ehemalige Baxter, in Wien und Niederösterreich, unter anderem Medikamente gegen Hämophilie, die Bluterkrankheit, aus gespendetem menschlichem Blutplasma. Baxalta wurde Mitte 2016 vom britisch-irischen Konzern Shire gekauft. Boehringer Ingelheim produziert ebenfalls in Wien Medikamente zur Therapie von Schlaganfall, Herzinfarkt, Krebs, Multipler Sklerose oder Osteoporose. Der US-Konzern Pfizer hat von Baxter dessen Impfsparte übernommen und erzeugt im niederösterreichischen Orth an der Donau Seren gegen Meningitis (Hirnhautentzündung) und gegen FSME, ebenfalls eine Hirnhautentzündung, übertragen durch Zecken. Sandoz im Tiroler Kundl ist ein Unternehmen des Schweizer Novartis-Konzerns und zählt mit seiner Antibiotika-Produktion zu den größten Herstellern weltweit. Darüber hinaus betreibt Sandoz noch zwei weitere Produktionsstandorte in Österreich.

Das österreichische Unternehmen Gerot Lannach stellt in der Steiermark sowohl Markenprodukte als auch Generika her. Generika sind Medikamente, die Markenprodukten nachgebaut wurden, und die erst erzeugt werden dürfen, wenn deren Patentschutz abgelaufen ist. Sie spielen international eine immer größere Rolle, weil Krankenkassen und Spitäler wegen der stark steigenden Kosten vermehrt die billigeren Generika einsetzen. Gerot Lannach hat sich auf Medikamente für das Herz-Kreislauf-System, das Zentralnervensystem und die Urologie spezialisiert.

Vom Eisenerz zur Autotüre

WIE EIN MODERNES INTEGRIERTES STAHLWERK
ARBEITET – AM BEISPIEL VOESTALPINE IN LINZ.

Abstich am Hochofen:
Einige Hundert Tonnen flüssiger Stahl rinnen in mächtige Transportwaggons.

Der Hochofen A in Linz ist mit 110 Metern so hoch wie eine Kathedrale. In seinem Bauch ist es 2.000 Grad heiß.

Für einen Besucher ist es jedes Mal spektakulär. Die Arbeiter in ihren langen silbernen Schutzgewändern sehen diese Flammen alle zwei Stunden, wenn sie flüssiges Roheisen aus dem Hochofen „abstechen", also herausfließen lassen. Der dunkelgraue Hochofen „A" auf dem Werksgelände der voestalpine in Linz zählt zu den größten in Europa: Mit 110 Metern Höhe würde er fast an den Wiener Stephansdom heranreichen. In seinem Bauch, der 12 Meter Durchmesser zählt, gibt es Temperaturen von mehr als 2.000 Grad.

Doch wie funktioniert die Eisenerzeugung? Ganz oben wird über Förderbänder ein Gemisch aus Eisenerz, Sinter (das ist gebackener Eisenstaub) und Koks (das ist gebackene Kohle) hineingeschüttet. Dieses Gemisch nennen die Hochofenarbeiter „Möller". Der Möller wird stetig in den Hochofen transportiert und sinkt langsam nach unten. Dort bläst man noch zusätzlich unter hohem Druck Luft ein, um das Feuer anzufachen. In der großen Hitze schmilzt das Eisengestein. Alle zwei Stunden wird dann die dicke Hülle aus feuerfesten Steinen durchbohrt und glühende Flüssigkeit rinnt heraus. Die Schlacke ist leichter als das Roheisen, schwimmt oben und wird abgeschöpft. Das Eisen fließt in darunter bereitgestellte spezielle Eisenbahnwaggons, so genannte Torpedos. Für einen Abstich von 600 Tonnen flüssigen Eisens reichen zwei solche Waggons aus, das heißt, einer fasst etwa 300 Tonnen. Zum Vergleich: Das kommt nahe an das Startgewicht eines vollgetankten Jumbojets heran.

Diese Schmelze muss übrigens immer weiterlaufen, man kann diesen Prozess nicht so einfach unterbrechen. Deshalb läuft ein Hochofen auch Tag und Nacht, 365 Tage im Jahr, insgesamt zwischen 15 und 20 Jahre lang. Und wenn ein Hochofen einmal am Ende seines Lebens angelangt ist, muss er fast gänzlich neu aufgebaut werden, mit dicken Schichten feuerfester Steine, die die enorme Hitze wieder jahrelang aushalten.

Die gefüllten Torpedo-Waggons bringen das Roheisen nach dem Abstich ins nahe gelegene Stahlwerk, wo es weiter behandelt wird. Denn das Eisen wäre – einmal ausgekühlt – hart und spröde. Erst ein elastischer und bruchfester Stahl ist für industrielle Anwendungen zu gebrauchen. Dazu muss nun der Kohlenstoff herausgebrannt werden. Das geschieht in einem Konverter, einer Art mächtigem Kochtopf, nach einem Verfahren das die Anfangsbuchstaben der österreichischen Stahlstandorte der voestalpine Linz und Donawitz im Namen trägt: LD-Verfahren. Mit einer Lanze wird Sauerstoff eingeblasen, dadurch verbrennt der Kohlenstoff. Für die unterschiedlichsten Stahlqualitäten, die man braucht, geben die Stahlkocher noch verschiedene Zuschlagstoffe in den Topf.

Auch wenn Eisen- und Stahlerzeugung heute in Linz sehr effizient und im internationalen Vergleich äußerst umweltschonend abläuft, allein mit diesen Produkten könnte die voestalpine kaum überleben. Denn das Unternehmen ist trotz seiner 47.000 Mitarbeiter im globalen Vergleich recht klein,

Aus dem Blech entstehen in mehreren Bearbeitungsschritten Autoteile, hier etwa Türen.

In der Verzinkungsanlage erhält das Stahlblech eine Schutzschicht gegen Rost.

und es gibt auf der Welt eine gewaltige Überproduktion an Stahl, nicht zuletzt aus China und Indien. Also musste man sich spezialisieren. Dadurch ist die voestalpine heute kein reiner Stahlhersteller mehr. Rund zwei Drittel ihres Umsatzes erzielt sie in der Weiterverarbeitung des Werkstoffes Stahl sowie anderen Metallen zu fertigen Spezialprodukten.

Diese Spezialisierung kann man im Linzer Werk auch als Besucher nachvollziehen. Aus dem Stahl werden erst mehr als zehn Meter lange Brammen gegossen, tonnenschwere graue Stücke. Diese werden dann im Walzwerk wieder erwärmt und zu dünnem Stahlband ausgewalzt. Um dieses Stahlband noch hochwertiger zu machen, durchläuft es anschließend in einer riesigen Halle einem Veredelungsprozess: Es wird in einem Tauchbad verzinkt. Die hauchdünne silbrige Schicht auf den Bändern schützt den Stahl dann vor dem Rosten – ganz wichtig bei vielen Anwendungen – ob in der Automobilindustrie oder wenn daraus Waschmaschinen entstehen sollen.

Die voestalpine verkauft diese hochwertigen Stahlbänder teilweise direkt und verarbeitet sie teils selbst zu Spezialteilen weiter. Am Standort Linz werden daraus lasergeschweißte Platinen für die Automobilindustrie hergestellt. Das sind verzinkte, genau zugeschnittene und dann auch schon in Form gepresste Teile, die in den Autowerken schnell mit anderen zu ganzen Karosserien verschweißt werden können. An manchen erkennt man schon ihre künftige Bestimmung, etwa als Türen. Andere werden später einem Auto Stabilität in der Bodenplatte oder auf der Seite geben.

Diese Platinen sind oft recht komplizierte Bauteile. Sie bestehen aus unterschiedlichen Stählen, dünner und dicker, härter und weniger hart, je nach den Anforderungen im Fahrzeug. So soll vorne die Karosserie weicher sein, um bei einem Frontal-Crash Energie aufzunehmen, härtere Seitenteile wiederum müssen die Insassen bei einem Seitenaufprall schützen. Für diese Eigenschaften werden ständig neue Stahlsorten entwickelt, derzeit etwa ein besonders leichter, aber harter Stahl. Allein am Standort Linz sind 700 Frauen und Männer in der Forschung und Entwicklung beschäftigt.

Die Herstellung der Platinen erfolgt in Linz – und auch in Tochterfirmen der voestalpine nahe den europäischen Autowerken und ihren Niederlassungen weltweit – mittels Robotern, nur mehr überwacht von hoch spezialisierten Arbeitern. Unbeirrt heben die Roboterarme Stahlstück für Stahlstück auf, bringen es millimetergenau in Position, fügen es mit anderen Teilen zusammen und schicken es weiter zu ihren Schweißroboter-Kollegen. Hier befindet man sich in einer ganz anderen Welt als jener des flüssigen Eisens – und ist doch nur einige Hundert Meter weit davon entfernt.

Roboter setzen mehrere Stahlstücke zu Platinen zusammen, das sind Bauteile für Automobile, sie werden dann direkt an die Werke geliefert.

Schienen, Weichen, Rohre

Die voestalpine ist rund um den Globus in unterschiedlichen Branchen wie der Automobil-, der Bahn- oder der Luftfahrtindustrie, aber auch der Öl- & Gasindustrie oder der Hausgeräteindustrie aktiv. Zu den weltweit führenden Produkten der voestalpine gehören etwa 120 Meter lange Schienen besonderer Qualität sowie die dazu passenden Weichen für Hochgeschwindigkeitszüge. Man erzeugt Rohre für die Öl- und Gasindustrie, Spezialdrähte, wiederum für verschiedene Anwender. Und der auf Edelstahl spezialisierte Unternehmensbereich der voestalpine, die ehemalige Boehler Uddeholm, bietet ganz spezielle Stähle an, die dann für den Werkzeugbau zum Einsatz kommen, in Turbinenschaufeln von Kraftwerken oder als wichtige Komponenten in der Flugzeugindustrie. Allein der Edelstahl-Unternehmensbereich der voestalpine hat weltweit etwa 100.000 Kunden – von Texas und Brasilien bis Australien und China.

Stich für Stich

BEI TOSTMANN TRACHTEN WERDEN DIRNDL, BLUSEN UND SCHÜRZEN NOCH AUSSCHLIESSLICH IN ÖSTERREICH GENÄHT.

Anna Tostmann in ihrer Trachtenwerkstatt in Seewalchen am Attersee: traditionelle Handwerkskunst und zeitgemäße Designs.

Der Zuschnitt der Stoffe wird schon am Computer geplant, damit möglichst wenig Reste übrig bleiben.

Die junge Frau ist hoch konzentriert. Sie nutzt auch eine Nähmaschine. Aber es geht immer nur um wenige mechanische Stiche weiter, dann stoppt sie wieder und bringt vorsichtig die nächste Stoff-Schlaufe in Position. Hier entsteht eine raffiniert geraffte Bordüre, die einmal ein handgenähtes Dirndl schmücken wird. Und das dauert eben.

Die Produktion von Tostmann Trachten in Seewalchen am Attersee sieht so gar nicht nach Fabrik aus. Und das ist sie ja auch nicht, eher ein großer Handwerksbetrieb, oder eine Manufaktur. Vorne, zur Straße hin, liegt das Geschäft. Hier reiht sich Dirndl an Dirndl, hier sind Trachtenwesten aus Strick elegant drapiert, hier finden sich Mini-Lederhosen für Buben ebenso wie schwerere Herrenjoppen aus gewalktem Wollstoff.

Dahinter beginnt das Reich, wo die Dirndl entstehen. Es startet mit dem Wareneingang und dem Zuschnitt. Hier werden schon lange Computer verwendet, um die Stoffstücke möglichst nahe aneinander zu platzieren, damit nicht viel Verschnitt übrig bleibt. In einem nächsten großen Raum – überall knarren die Holzfußböden wie in einem uralten Bauernhof – sitzen die Näherinnen bei ihrer Arbeit. Manche tragen selbst Dirndl, andere geben sich legerer in Jeans und T-Shirt. Hier entstehen fertige Trachtenkleider, Blusen und Schürzen. Eine Türe weiter näht jede der drei Schneiderinnen an einem einzelnen Maßdirndl. Und

In der Maßwerkstätte ist es mäuschenstill. Die Frauen nähen in höchster Konzentration an wertvollen Einzelstücken.

hier ist es so still, dass man wirklich eine Nadel könnte fallen hören.

Anna Tostmann-Grosser, die Chefin, erzählt, was es mit dem Gebäude auf sich hat. „Das war einmal das Gemeindeamt von Seewalchen. Als man es nicht mehr gebraucht hat, haben es meine Großeltern gekauft und hier die Produktion angesiedelt." Die Firma Tostmann zählt heute etwa 120 Beschäftigte, vorrangig Frauen. Die Unternehmenszentrale und die Näherei sind hier nahe dem Attersee, dann gibt es in Wien ein Innenstadt-Geschäft mit einer kleinen Maßfertigung und seit einem Jahr noch zusätzlich in Seewalchen ein Kaffeehaus mit einem „Bandlkramerladen". Das war ein Haus aus dem 17. Jahrhundert, das für den Abriss bestimmt war, also entschieden sich die Tostmanns, das Gemäuer zu kaufen, und renovierten es großzügig.

„Begonnen haben mit dem Unternehmen meine Großeltern", erzählt Tostmann-Grosser. „Sie waren eigentlich beide nicht aus der Branche. Die Oma hatte die Kunstgewerbeschule in Wien absolviert, der Opa war ein Kaufmann aus Hamburg, den es nach Oberösterreich in die Industrie verschlagen hatte. Es war die Zeit unmittelbar nach dem Krieg, es herrschten Not und teilweise Hunger. Als die Großmutter Tostmann bei einer Bäuerin ein erstes selbstgenähtes Dirndl gegen einen wertvollen Laib Käse eintauschte, erkannte ihr Mann darin

Gleich neben der Werkstatt liegt der Verkaufsraum: düster, gemütlich mit knarrendem Holzboden wie in einer anderen Zeit.

das Geschäftspotential. Die Firma wurde 1949 gegründet, und sie war schnell erfolgreich.

Zuerst kauften die Einheimischen, doch bald sprang der Tourismus wieder an, und auch die urlaubenden Wienerinnen und Münchnerinnen wollten sich ländlich kleiden. Schon 1957 wagten die Tostmanns den Sprung nach Wien und gründeten dort eine Filiale. „Heute machen wir in Wien sogar etwas mehr Umsatz als hier", berichtet Tostmann-Grosser, deren Mann ebenfalls in der Geschäftsführung mitarbeitet. Es sind vor allem Wienerinnen, die sich für Landpartien oder Hochzeiten in Tracht einkleiden. Große Auftragsschübe kommen immer wieder vor den einschlägigen Bällen in der Hauptstadt, dem Jägerball sowie jenem der Steirer oder Oberösterreicher. Und dann sind da noch die Touristen, die aus Österreich Unverkitschtes mit nach Hause nehmen wollen. Tostmann-Grosser: „Die Italienerinnen kaufen vor allem Kindersachen. Aber wir wissen ja, dass man in Mailand fast mehr Lodenmäntel auf der Straße sieht als in mancher österreichischen Stadt."

Dabei sind die Dirndl aus der Seewalchener Erzeugung alles andere als billig. Das beginnt – für Kleid, Bluse und Schürze – bei etwa 700 Euro und kann bis auf 2.000 Euro hinaufgehen, etwa, wenn Seidenstoffe verwendet werden. „Viele Leute glauben, wenn sie ein Dirndl sehen, das muss aus

Österreich sein", so Tostmann-Grosser. „Aber viele kommen längst aus Osteuropa, sogar aus China." Die Erzeugung in Österreich ist einfach teurer, und auch die sorgfältige Handarbeit braucht zusätzliche Stunden.

Dafür hält „das Gwand", wie man früher einfach sagte, viele Jahre lang. „Wir haben immer wieder junge Frauen, die sich Dirndl von ihren Müttern oder Omas anpassen lassen, quasi retro." Und auch second hand werden Tostmann Dirndln gehandelt. Manche Bäuerinnen, für die das teure, wertvolle Gewand ihre stolze Festtagstracht ist, lassen sich über mehrere Jahre Gutscheine schenken und sparen damit auf das gute Stück an.

Lange Jahre führte Anna Tostmann-Grossers Mutter Gexi das Unternehmen. Sie ist studierte Volkskundlerin, engagierte Grüne und sie wehrte sich immer dagegen, dass die Tracht mit einer politischen Haltung, nämlich einer rechten, nationalen verbunden wurde. „Es hat auch immer wieder Trachtenvereine in der Arbeiterschaft gegeben", erzählt sie. „Und unsere Kundinnen kommen aus allen Gesellschaftsschichten und Regionen." Heute ist die ländliche Mode überdies schon längst ins gewagte Mixen unterschiedlichste Stile aufgenommen worden: bei den Männern die Joppe zu Jeans und Poloshirt, und bei den Frauen das Dirndl zu den Sneakers von Nike, Adidas oder New Balance.

Loden und Leder

Auch andere traditionelle Produzenten finden nach wie vor ihre Märkte.

Tostmann Trachten zählt zu den wenigen Unternehmen in der Bekleidungsbranche, die ausschließlich in Österreich fertigen. Aber es gibt noch andere. Der Lodenwalker im steirischen Schladming geht auf ein Unternehmen im 15. Jahrhundert zurück. Und Loden ist seit Jahrhunderten ein Stoff, der die Alpenbewohner gleichermaßen wärmt wie gegen Regen und Schnee schützt. Das Material erhält seine Qualitäten durch einen besonderen Produktionsprozess. Der gewebte Schafwollstoff wird nass gemacht und gepresst, dadurch verfilzt er, schrumpft und wird dichter. Nähte man früher daraus vor allem schwere Mäntel, Janker und Trachtenkostüme, so hat Lodenwalker in den letzten Jahren etliche Kollektionen auf Basis leichterer Lodenstoffe vorgestellt. Diese können jetzt zu Skijacken oder auch zu modischen Parkas verarbeitet werden.

Die Firma Steinkogler wiederum ist allen Burschen oder Mädchen bekannt, die das österreichische Bundesheer absolviert haben. Denn sowohl die leichteren Einser-Stiefel als auch die schweren, schneefesten, dreifach genähten „Zweier-Bock" kommen aus den Werkstätten der Firma Steinkogler im oberösterreichischen Ebensee. Steinkogler produziert darüber hinaus auch Haferl- und Trachtenschuhe, Leder-Bergschuhe von unterschiedlichem Gewicht und winterfeste Stiefel für Wald- und Forstarbeiter. Noch haben sich nicht überall die geklebten Gore-Tex-gefütterten modernen Leicht-Versionen durchgesetzt.

Warum streiten die immer?

JEDES JAHR SITZEN EINANDER VERTRETER DER ARBEITGEBER UND ARBEITNEHMER GEGENÜBER – UND VERHANDELN ÜBER LÖHNE UND ARBEITSZEITEN.

Freundliche Miene, harte Gespräche:
Christoph Hinteregger, einige Jahre lang Chefverhandler der Arbeitgeber, traf auf den – vor kurzem verstorbenen – Gewerkschafter Karl Proyer.

Große Runde in der Wirtschaftskammer: Eine Gewerkschafts-Delegation überbringt ihren Forderungs-Katalog.

Die Bilder sind aus dem Fernsehen bekannt: Einmal stehen die Züge in ganz Deutschland, einmal fallen Hunderte von Flügen aus, ob in Frankfurt, Berlin oder München: Streik! Lokführer, Piloten oder Kabinenpersonal waren nicht zufrieden damit, was ihnen die jeweiligen Arbeitgeber von Bahn oder Lufthansa an Lohnerhöhungen angeboten hatten. Deshalb legten sie die Arbeit nieder, um Druck zu machen, um ihre Forderungen durchzusetzen.

In Österreich sind Streiks eher selten. Dafür sitzen einander jedes Jahr an langen Tischen viele Männer und wenige Frauen gegenüber und verhandeln. Arbeitgeber und Arbeitnehmer ringen um die jährlichen Lohnerhöhungen, auch Kollektivverträge genannt. Dabei geht es zunächst einmal um Löhne und Gehälter, aber auch um eine Vielzahl anderer Regelungen: etwa um Überstundenzuschläge oder um die sogenannte Flexibilisierung der Arbeitszeit. Denn die Unternehmen bekommen über das Jahr nicht immer gleich viele Aufträge, und sie wollen, wenn es besonders viel Arbeit gibt, nicht gleich Überstunden bezahlen. Wenn weniger Arbeit da ist, möchten sie vermeiden, dass ihre Belegschaft unbeschäftigt herumsitzen muss. Daher kämpfen sie dafür, dass die Arbeitszeit dann geleistet wird, wenn es die Aufträge erfordern.

Die Gewerkschaften stehen dabei öfter auf der Bremse. Denn sie fürchten, dass dann die Arbeiter auf Abruf bereit stehen könnten, dass überlange Schichten anfallen, dass die notwendigen Ruhezeiten nicht mehr eingehalten werden. Daher wird um dieses Thema seit Jahren hart gerungen. Doch langfristig geht die Entwicklung in die Richtung flexiblere Arbeitszeiten, oft auch ausgehandelt auf der Ebene der Betriebe, zwischen Management und Betriebsrat. Im Sommer 2016 gab es eine erste größere Einigung in den Branchen der Maschinen-, Metallwaren- und Gießereiindustrie.

Wieso braucht man überhaupt diese Verhandlungen? Es geht darum, wie die Erträge, die ein Unternehmen erwirtschaftet, verteilt werden. Zunächst einmal muss man die laufenden Kosten decken, für Vormaterial, Energie, Mieten und Ähnliches. Dann wird ein Teil der Einnahmen zurückgelegt, damit man neue Maschinen kaufen kann und der Betrieb modern und konkurrenzfähig bleibt. Und vom Überschuss wollen Eigentümer und Arbeitnehmer jeweils einen möglichst großen Teil haben.

Dabei war es lange Zeit recht leicht für beide Seiten. Denn die Wirtschaft wuchs schnell, es gab laufend Zuwächse. Und auch die Produktivität nahm zu, das heißt mit neuen Maschinen oder neuen Organisationsmethoden in den Unternehmen wurde es billiger, dieselben Produkte herzustellen. Anders gesagt, es gab jedes Jahr mehr zu verteilen, durch höhere Umsätze und höhere Produktivität.

Auch bei Gesetzen, wie etwa jenem zum Pensionsalter, sprechen die Sozialpartner ein gewichtiges Wort mit.

In Betriebsversammlungen machen die Gewerkschafter Druck auf ihr Gegenüber, hier GPA-djp-Chef Wolfgang Katzian.

Das ist jetzt nicht mehr unbedingt so. Denn der Wettbewerb ist global geworden, die Konkurrenz härter. Es gibt nicht zuletzt durch die guten Transportmöglichkeiten und durch das Internet Anbieter aus allen Teilen der Welt, mit denen man sich auseinandersetzen muss. Und das Wachstum hat sich verlangsamt. Ursachen dafür sind die Finanzkrise, die Tatsache, dass die meisten Haushalte schon ein Auto, eine Waschmaschine sowie mehr als einen Fernseher haben und daher nur mehr Ersatzkäufe tätigen. Schließlich haben Krise, Automatisierung und weltweiter Wettbewerb dazu geführt, dass die Löhne in Österreich und anderen europäischen Ländern in den letzten Jahren kaum höher geworden sind. Das heißt, die Menschen verfügen über weniger Kaufkraft. Das bedeutet wiederum weniger Nachfrage und weniger Produktion.

Manchmal wird öffentlich mobilisiert, etwa für höhere Löhne der Mitarbeiter in Rechtsanwaltskanzleien.

Auch dies alles müssen die Verhandler bei den Kollektivverträgen berücksichtigen. Wenn die Löhne zu sehr steigen, dann werden die österreichischen Produkte auf den internationalen Märkten zu teuer und lassen sich schwerer verkaufen. Wenn den Arbeitern aber zu wenig im Börsel bleibt, dann können sie weniger einkaufen, und auch das schwächt die Wirtschaft. Aber dass Streiks allen etwas kostet, weil in dieser Zeit nicht produziert wird, wissen beide Seiten, die Gewerkschaften und die Arbeitgeber. Daher wird zwar immer wieder gedroht, wenn man bei den Verhandlungen weit auseinander liegt. Es gibt Betriebsversammlungen und scharfe Worte, aber meist einigt man sich doch am Verhandlungstisch. Irgendwo in der Mitte.

Sozialpartnerschaft – wie geht es weiter?

Die Zusammenarbeit zwischen Arbeitgebern und Arbeitnehmern, auch wenn jeder hart seine eigenen Interessen vertritt, nennt man Sozialpartnerschaft. Sie hat aber noch einen Dritten im Bund: den Staat. Denn es gibt eine Fülle von Gesetzen, die direkte Auswirkungen auf die Wirtschaft haben, von der Arbeitszeit bis zu den Steuertarifen, von der Sozialversicherung bis zum Ladenschluss. Hier werden die Sozialpartner, also die Arbeitgeber und Arbeitnehmer, stets einbezogen. Ihre Experten prüfen die Gesetzesvorschläge, erarbeiten Änderungen, bringen Gegenentwürfe vor. Dabei hat es bisher geholfen, dass die großen politischen Parteien, SPÖ und ÖVP eng mit den Sozialpartnern Gewerkschaft und Wirtschaftskammer verflochten sind. Manchmal sitzen deren Vertreter gleich direkt auf einem Partei-Ticket im Parlament, manchmal machen sie hinter den Kulissen ihren Einfluss geltend.

Dieses System dürfte sich in naher Zukunft verändern. Denn die einst beherrschenden Großparteien werden immer kleiner, können daher auch für ihre jeweiligen Sozialpartner nicht mehr so leicht alles durchsetzen. Und in der Gesellschaft sind neue Schichten entstanden, die nicht mehr von den alten Sozialpartnern vertreten werden. Es reicht von prekär Beschäftigten bis zu neuen Selbständigen, von Mini-Unternehmern und Ein-Mann- oder Ein-Frau-Betrieben bis zu unterschiedlichsten Freiberuflern. Das sind insgesamt schon mehrere Hunderttausend im Land. Und sie sind nicht mehr ganz so klar den Unternehmern oder den Arbeitnehmern zuzuordnen. Ebenso tun sich auch deren Vertretungen Wirtschaftskammer und Gewerkschaften schwer damit, sie zu vertreten. Vielleicht entstehen hier künftig gänzlich neue Organisationen, oder zumindest eigene Abteilungen bei den bestehenden Kammern und Gewerkschaften.

Seilbahnen ohne Skifahrer

RUND UM DEN GLOBUS SETZEN STADTVERWALTUNGEN AUF
EINE NEUE ART VON NAHVERKEHR.

Rote Linie hoch über der bolivianischen Hauptstadt La Paz:
Das größte Stadtseilbahnnetz der Welt.

Auch der Präsident von Bolivien, Evo Morales, war zur Grundsteinlegung gekommen. Denn das Projekt, zu dessen zweiter Phase er im Frühjahr 2015 den Startschuss gab, wird das größte Stadtseilbahnnetz der Welt werden. Schon bisher nutzt in der 4.000 Meter hoch gelegenen Hauptstadt des Andenstaates La Paz jeden Monat eine Million Menschen das vorher dort unbekannte Verkehrsmittel. Drei Linien in den Farben der Nationalfahne, die rote, die gelbe und die grüne, verbinden Stadtteile von La Paz mit der beinahe zusammengewachsenen Nachbarstadt El Alto. Und wie in deren Namen schon die Höhe steckt, so überwinden diese Seilbahnen mit ihren Gondeln dabei steile Hügel und schweben über dicht bebaute Viertel hinweg. Eine U-Bahn hätte man in diesem Terrain kaum bauen können. Bis ins Jahr 2019 kommen nun noch sechs weitere Linien dazu.

Fertigung bei Doppelmayr in Wolfurt: Nicht nur Elektronik, auch Stahl und Funkenflug.

Geliefert wurden und werden diese Bahnen aus Österreich. Denn der Vorarlberger Seilbahn- und Lifthersteller Doppelmayr Garaventa hat schon seit Jahren solche urbane Transportmittel in seinem Programm. Sie befördern Menschen in Algier und in London, in Istanbul und in Oakland, in Venedig und in Koblenz. In London überquert etwa die „Emirates Air Line" die Themse und bietet aus den Gondeln eine spektakuläre Aussicht. In Venedig bringt die Einschienenbahn Cable Shuttle Liner oder People Mover, wie ihn die Venezianer nennen, Touristen vom Parkplatz auf der Insel Tronchetto zur Piazzale Roma am Rande der historischen Altstadt.

Doch warum hat sich ein traditioneller Skiliftbauer von den Bergen herunter in die Städte vorgewagt? „Mit der in Medien oft zitierten Sättigung im Winter haben die Stadtseilbahnen bei Doppelmayr überhaupt nichts zu tun", erzählt der Leiter für Marketing und Öffentlichkeitsarbeit, Ekkehart Assmann. „Erstens funktioniert der Wintermarkt nach wie vor hervorragend. Und zweitens hat Doppelmayr in seiner Geschichte immer schon versucht, Seilbahntechnologie in verschiedenen Märkten einzusetzen."

Der von Kabeln gezogene Oakland Airport Connector in Kalifornien transportiert Fluggäste vom Terminal zum Bahnhof.

Allein im Jahr 2015 hat Doppelmayr weltweit 103 Bahnen gebaut. Zwar wird in den europäischen Alpen die Schneesituation in tieferen Lagen wegen des Klimawandels immer prekärer. Manche kleinere Familienskigebiete geben bereits auf. Die höher liegenden Skiarenen wiederum sind meist schon gut erschlossen. Aber die Liftgesellschaften modernisieren laufend, ersetzen alte Anlagen durch neue mit höherer Kapazität oder mehr Komfort, etwa Heizungen. Große Skigebiete verknüpfen sich mit benachbarten Regionen. Und vor allem wird mittlerweile intensiv in Ländern gebaut, die bisher für ihren Wintersport nicht wirklich bekannt waren, etwa in Russland, in China und in der Türkei.

Aber Assmann erklärt auch die historische Entwicklung: „Fakt ist, dass die Seilbahn eigentlich aus der Stadt kommt. Im 19. Jahrhundert gab es vor allem Standseilbahnen, die rund um Städte errichtet wurden." Dazu zählten etwa die Kohlern-Seilbahn im Südtiroler Bozen, die Festungsbahn in Salzburg, die Standseilbahnen Lausanne-Ouchy in der Schweiz oder die Schlossbergbahn in Graz. Gondelbahnen und Schlepplifte für den Winter wurden

Stadtseilbahn in Algier:
Gondeln hoch über dem Mittelmeer vor der Küste Afrikas.

erst viel später gebaut, das erste Mal ab Anfang des zwanzigsten Jahrhunderts. „Der große „Boom" hat dann in den 50er Jahren eingesetzt", so der Doppelmayr-Manager Assmann.

Für städtische Anwendungen dieser Technologie gibt es eine Reihe guter Argumente: hohe Transportleistung, niedriger Energieverbrauch, im Vergleich mit U-Bahnen auch geringere Investitionskosten und kürzere Bauzeiten. Derartige Projekte bieten sich dann vor allem dort an, wo große Höhenunterschiede zwischen Hafen und Oberstadt überwunden werden müssen oder wo man im schon eng verbauten Gebiet zu ebener Erde keinen Platz mehr für zusätzliche Straßen- oder Schnellbahnen findet.

Bei Doppelmayr, dem Weltmarktführer für Seilbahnen und Skilifte, machen die urbanen Transportsysteme immerhin schon zehn Prozent aller Aufträge aus, Tendenz steigend. Aber auch sein großer Mitbewerber, das Unternehmen Leitner aus Südtirol, baut solche Anlagen, etwa in der Türkei, in Kolumbien oder zuhause in Bozen. Leitner ist fast so groß wie Doppelmayr, sein Jahresumsatz lag zuletzt bei rund 700 Mio. Euro gegenüber 800 Millionen der Österreicher, die Mitarbeiterzahlen vergleichen sich mit 3.000 zu 2.500. Gemeinsam erreichen die beiden Gruppen – sie haben noch Tochterfirmen in unterschiedlichen Ländern – einen globalen Marktanteil jenseits der 90 Prozent. Es gibt wohl kleinere Konkurrenten in Asien und Nordamerika, aber wirklich gefährlich wurde den beiden bisher keiner. Allein Doppelmayr hat bisher insgesamt in 90 Ländern mehr als 14.000 Anlagen gebaut.

Und auch beide europäischen Seilbahnbauer haben neben dem Wintersport und den städtischen Bahnen noch ein drittes Standbein: Sie errichten weltweit Transportsysteme für die Industrie. Das können kilometerlange Förderbänder oder Materialseilbahnen sein, ob in Steinbrüchen der Zementhersteller oder beim alpinen Kraftwerksbau. Seilbahnkräne arbeiten hoch über Staudämmen, in den USA, in Äthiopien oder in Peru. Und im riesigen Volkswagenwerk im slowakischen Bratislava schweben die Neuwagen aus der Fertigungshalle leise über eine Autobahn hinweg zum Auslieferungslager auf der grünen Wiese.

Banken: Branche im Umbruch

MÜDE WIRTSCHAFT, NEUE TECHNIK, HARTE REGULIERUNG
MACHEN DEN GELDINSTITUTEN ZU SCHAFFEN.

Historische Zentrale der Erste Group Bank am Wiener Graben: Inzwischen ist das Hauptquartier des Konzerns in einen eigenen Campus beim Hauptbahnhof übersiedelt.

Das Internet macht auch vor den Geldgeschäften nicht mehr Halt. Bitkom, die Interessengemeinschaft der deutschen digitalen Wirtschaft, hat im Frühjahr 2016 1.000 private Bankkunden befragt, wie sie ihre Geldgeschäfte abwickeln. Die Antworten waren eindeutig – und zeigen auf einen dramatischen Umbruch in der Branche hin.

Immerhin 70 Prozent der Befragten nutzen Online-Banking. Und bei den Jungen – also Bankkunden zwischen 14 und 29 – verwenden schon mehr als 40 Prozent das Smartphone – die Mehrheit von ihnen bisher zwar nur zum Abfragen des Kontostands, aber immer mehr auch für Überweisungen. 30 Prozent der jungen Kunden haben bereits eine eigene Banking App installiert.

Die Auswirkungen auf das klassische Geschäftsmodell der Banken sind erheblich. Nach der Umfrage gehen viele Nutzer des Internetbankings, nämlich fast jeder dritte, überhaupt nicht mehr in ihre Bankfiliale. Und bei einem weiteren Viertel dieser Gruppe liegt der letzte Besuch einer Zweigstelle schon mehr als sechs Monate zurück, bei einigen sogar mehr als zwei Jahre.

Die Banken – auch in Österreich – reagieren längst auf diese Entwicklung. Österreich galt lange in Europa als Land mit besonders vielen Filialen – der Fachbegriff dafür war „overbanked". Dagegen laufen bei allen Instituten teils drastische Programme: Filialen werden geschlossen, es bleiben oft menschenleere Selbstbedienungs-Standorte voller Bankomaten und Überweisungs-Terminals übrig. Eine genauere Beratung erhalten die Kunden nur mehr in wenigen größere Zentren.

Aber das Privatkundengeschäft ist nur ein Bereich, in dem sich die Banken wandeln müssen. Die globale Finanzkrise hat auch bis heute ihre Spuren hinterlassen. Erinnern wir uns: Ausgelöst wurde sie in den USA. Dort hatten mehrere Großbanken leichtfertig Kredite an Häuselbauer quer durchs Land vergeben, die eigentlich überhaupt nicht kreditwürdig gewesen waren, also zu wenig verdienten, um die Kredite zurückzahlen zu können. Damit das nicht auffiel, packten die Banker viele Tausende dieser schwachen Kredite zu neuen Produkten zusammen und boten sie als erstklassige Schulden-Papiere auf dem Markt an. Gekauft wurden sie auch in Europa. Als dann diese Immobilienkredite reihenweise umfielen, weil die Menschen sie nicht mehr bedienen konnten, geriet das gesamte weltweite Bankensystem ins Wanken. Die Staaten mussten eingreifen und die Geldinstitute retten.

Auch wenn die österreichischen Banken diese Art von hochspekulativen Papieren nicht angeboten hatten, traf sie der allgemeine Vertrauensverlust, der Krise konnte sich niemand entziehen. Eine der Folgen war – wiederum weltweit, aber vor allem

Raiffeisen Bank in Bukarest: Die österreichischen Banken und Versicherungen sind in ganz Osteuropa aktiv.

auch in Europa – eine striktere Regulierung. Die Banken müssen mehr Eigenkapital aufbauen, damit sie bei einer nächsten Krise nicht so schnell in Schwierigkeiten kommen. Und sie müssen den Aufsichtsbehörden äußerst genaue Dokumentationen zu all ihren Geschäften vorlegen. Das hat nicht nur zum Aufbau einer neuen Bürokratie geführt – in österreichischen Großbanken wurden ganze neue Abteilungen mit Hunderten von Mitarbeitern geschaffen, die nur die Dokumentation erledigen.

Das hat auch Auswirkungen auf das klassische Kreditgeschäft mit Unternehmen. „Früher hat es vertrauensvolle Beziehungen zum lokalen Bankdirektor gegeben", erzählt ein Wiener Hotelier. „Heute entscheiden anonyme Computerprogramme über die Kreditvergabe – und tun das äußerst restriktiv. Es braucht aber gerade neue, junge Unternehmen, um die Wirtschaft in Schwung zu halten."

Darüber, wer an den schwachen Investitionen schuld ist, machen einander Banken und Unternehmen gegenseitig verantwortlich. Die einen meinen, es gebe zu wenig gute Projekte zum Finanzieren. Die anderen sagen, die Banken wollten jegliches Risiko vermeiden und lehnten viele Kreditansuchen allzu schnell ab. Wo die Banken nicht aktiv sein dürfen, weil hier die Risiken wirklich extrem hoch sind, ist in der Start-up-Szene. Zahlreiche der jungen Unternehmen floppen, und das ließe keine

Bank Austria-Filiale am Wiener Stephansplatz: Statt Schaltern Automaten und Selbstbedienung.

Aufsichtsbehörde der Welt den Kreditbearbeitern durchgehen. Die Start-ups sind also auf risikobereite Privatpersonen oder hoch spezialisierte Venture-Capital-Fonds angewiesen.

Eine Besonderheit haben die österreichischen Banken noch aufzuweisen. Sie machten sich unmittelbar nach dem Fall des Eisernen Vorhangs auf nach Osten, gründeten in Mittel- und Südosteuropa neue Bankennetzwerke, übernahmen lokale Institute. Damit wurden dann Bank Austria/UniCredit, Erste Group Bank, Raiffeisen International und Hypo Alpe Adria, zu bedeutenden internationalen Spielern. Anfangs ging das auch gut: Man machte hohe Gewinne und unterstützte sowohl die lokale Wirtschaft als auch österreichische Exporteure wie Investoren mit modernen Dienstleistungen.

Aber die globale Krise schlug auch in Osteuropa durch – selbst wenn dort die giftigen US-Papiere so gut wie gar nicht existiert hatten. Die Krise erfasste die gesamte Wirtschaft, und auch in dieser Region fielen Kredite um, die Banken mussten teils hohe Verluste schreiben. Die Kärntner Hypo Alpe Adria war eine Ausnahme – in negativer

Weise. Hier trafen Inkompetenz und kriminelle Aktivitäten aufeinander und brachten die Bank an den Rand des Untergangs. Eine Notverstaatlichung bewahrte sie vor dem Zusammenbruch, die österreichischen Steuerzahler wurden zur Kasse gebeten.

Finanzieren und spekulieren

Auch an der Börse holen sich die Unternehmen Geld.

Wenn jemand für ein Unternehmen Kapital benötigt und er selbst hat nicht genug, gibt es zwei Möglichkeiten: Er besorgt sich einen Kredit von der Bank oder er beteiligt andere Personen oder Firmen. Die Börse bietet die Möglichkeit solcher Beteiligungen. An der Börse kauft man Anteile an einzelnen Firmen, Aktien, und diese machen einen zum Miteigentümer. Oder man kauft Anleihen einer Firma, das sind Schuldverschreibungen. Das heißt aber auch, dass man einen Teil des Risikos dieser Unternehmen trägt. Wenn es nicht so gut gehen sollte, wie erhofft, dann verlieren die Aktien an Wert: Man bekommt beim Verkauf nicht mehr so viel zurück, wie man dafür bezahlt hatte. Umgekehrt können die Aktien natürlich auch deutlich an Wert gewinnen, wenn das Management gut arbeitet, wenn die Wirtschaft wächst.

Die Aktionäre können ihre Firmenanteile kaufen und lange behalten, in der Hoffnung, dass das Unternehmen langfristig gut gedeiht. Sie können aber auch kurzfristig spekulieren, kaufen und verkaufen, wenn sich die Kurse bewegen. Dazu bietet die Börse noch eine Vielzahl anderer Produkte an: Man kann auf die Entwicklung eines ganzen Marktes spekulieren, man kann bei einzelnen Aktien mit so genannten Optionen noch höheres Risiko nehmen, oder man kann sein Risiko auf mehrere Unternehmenstitel aufteilen, indem man Fonds erwirbt.

Die Region Mittelosteuropa konnte sich inzwischen wieder stabilisieren. Sie wächst nicht mehr so stark wie in den Boomjahren, aber immer noch etwas kräftiger als Westeuropa. Die Banken sind vorsichtiger geworden, vergeben nicht mehr allzu leicht Kredite, ziehen sich aus dem einen oder anderen Markt zurück, werden teilweise zu kleineren, spezialisierten „Boutique"-Banken. Und auch hier wird die elektronische Revolution nicht mehr lange auf sich warten lassen, das Internet mit seinen Banking-Apps wird eine Reduktion der Filialen unumgänglich machen.

Die wirkliche Herausforderung für die Banken steht aber noch bevor. Denn weltweit tüfteln unzählige Spezialisten an so genannten FinTechs, das sind junge Start-up-Firmen, die neuartige Web-basierte Finanzdienstleistungen entwickeln. Das können Bezahlsysteme via Handy, aber an den Banken vorbei sein, oder aber Plattformen für Crowd-Funding, also die Finanzierung von Firmen oder Projekten mit vielen kleinen Summen, ebenfalls ohne Beteiligung der herkömmlichen Geldhäuser. Vieles davon ist noch unausgereift – es gibt aber etwa schon eine – hochriskante – Internet-Währung namens Bitcoin. Ob sich dieser rasch wachsende Bereich selbständig durchsetzen wird, oder ob die Banken ihrerseits die neuen FinTechs in ihre Systeme einbinden und diese damit modernisieren, ist noch offen.

Der magische rote Punkt

DER DEUTSCHE FOTOSPEZIALIST LEICA WAR SCHON AM RANDE DES UNTERGANGS. DANN HAT IHN EIN ÖSTERREICHISCHER UNTERNEHMER GERETTET.

Höchste Präzision und Sauberkeit:
Montage von digitalen Leica M-Kameras in Deutschland.

Diese Ankündigung hat die Fotobranche weltweit überrascht. Leica, das deutsche Traditionsunternehmen mit dem roten Punkt als Logo, tut sich mit einem chinesischen Riesen zusammen. Für eine neue Generation von Smartphones, das G9 der Marke Huawei, haben die deutschen Ingenieure das Kamera-Modul mitentwickelt, gebaut wird es in China. Um die Größenrelationen der beiden Partner zu zeigen, hier ihre Kennzahlen: Leica beschäftigte im Jahr 2015 1.600 Frauen und Männer und erzielte einen Umsatz von 365 Mio. Euro. Für Huawei arbeiteten im selben Jahr 170.000 Menschen, der Konzernumsatz lag bei 66 Mrd. Dollar.

Eigentlich bewegt sich Leica sonst an einem ganz anderen Ende des Marktes für Fotoausrüstungen. Aktuell gibt es kaum eine Kamera unter 1.000.– Euro mit dem roten Punkt am Gehäuse. Das jüngste Modell, die SL, ist eine mächtige schwarze Profi-Kamera, die mit dazu passendem Zoomobjektiv mehr als 10.000.– Euro kostet. Da wird das Eis schon ganz schön dünn.

Dabei hat sich Leica in den letzten Jahren sehr gut entwickelt. Im Vergleich mit den anderen bekannten Kamera- und Objektivherstellern wie Canon, Nikon oder Sony ist das Unternehmen klein und fein. Produziert wird nur in zwei eigenen Fabriken in Deutschland und in Portugal, nicht wie es die anderen tun, an wesentlich billigeren Standorten in Asien. Daher rechnen sich auch keine günstigen Kameras für Konsumenten, und das Unternehmen muss sich mit teuren Apparaten an ein kaufkräftiges und anspruchsvolles Publikum wenden.

Das sind wohl einerseits professionelle Reportage- und Modefotografen. Das sind aber vor allem wohlhabende Privatkunden in aller Welt, die Wert auf Qualität legen, aber auch marken- und statusbewusst kaufen. Sie wollen neben ihrem Porsche oder Jaguar auch noch die richtige Kamera herzeigen. Für diese Klientel hat Leica ein eigenes internationales Netz von eleganten Boutiquen gewoben – zwischen Wien und Los Angeles, Berlin und Shanghai, London und Buenos Aires. Auch als hochwertiges Technik-Produkt kann man durchaus die Erfolgsmodelle der globalen Luxusmarken aus anderen Welten anwenden, etwa jene von Louis Vuitton, Gucci oder Prada.

Doch diesen kleinen Technik-Luxuskonzern hätte es beinahe nicht gegeben. Denn vor wenigen Jahren stand Leica am Rande des Untergangs. Das Unternehmen schrieb schwere Verluste, die Umsätze gingen Jahr für Jahr zurück, es gab keine Erfolg versprechenden neuen Modelle. Wie war es dazu gekommen?

Leica war über viele Jahrzehnte eine Ikone der deutschen Industrie gewesen. Ernst Leitz hatte das Unternehmen in der zweiten Hälfte des 19. Jahrhunderts gegründet, richtig erfolgreich wurde es durch eine Erfin-

Oskar Barnack: Kreativer Erfinder der Leica-Kleinbildkamera.

Andreas Kaufmann, österreichischer Hauptaktionär und Retter von Leica aus der Krise.

dung seines Ingenieurs Oskar Barnack. Dieser konstruierte ein kleines Kameragehäuse und spannte darin einen Film ein, der bis dahin nur für Bewegtbilder verwendet worden war. Zuvor waren die Kameras unhandlich und groß gewesen. Barnacks Leica (das stand für Leitz Camera) revolutionierte die Fotografie. Jetzt konnten Reporter und Künstler äußerst mobil ihrer Arbeit nachgehen, den Alltag der Menschen vor Ort abbilden, bei Ereignissen der Zeitgeschichte live dabei sein. Und Leica entwickelte zu den neuartigen Gehäusen auch gleich hochwertige Wechseloptiken dazu.

Das funktionierte bis zur Jahrtausendwende mehr oder weniger gut. Doch dann versäumte Leica den Übergang ins digitale Zeitalter. Zu lange hoffte das Management darauf, in einem wohl kleineren, aber doch soliden Marktsegment analoger Fotografie überleben zu können. Das sollte sich als Trugschluss herausstellen, wie auch andere Branchengrößen brutal feststellen mussten (siehe dazu den Kasten über Kodak und Fuji).

Doch es fand sich ein Retter. Andreas Kaufmann und seine Brüder Michael und Christian hatten von einer Tante in Österreich ein enormes Vermögen geerbt, das aus dem Verkauf des Frantschacher Papierkonzerns stammte. Und Kaufmann, ein promovierter Germanist und Gymnasialprofessor in Deutschland, wollte mit dem Geld etwas Vernünftiges anfangen. Also suchte

Objektiv-Montage: Für teure Optiken benötigt man hochwertige Kameras – sowohl digital als auch analog.

er nach interessanten Unternehmen in Schwierigkeiten – und stieß dabei auf Leica.

Doch die Probleme sollten viel dramatischer sein als zunächst erwartet. „Bei der ersten Aufsichtsratssitzung", erzählt Kaufmann offen, „habe ich zu mir gesagt: We are in deep shit." Und er sollte – nachdem sich seine Brüder zurückgezogen hatten – noch einige Jahre hart kämpfen und viel Geld in den Betrieb hineinpumpen. Denn mit einem Sparprogramm allein war es nicht getan. Vor allem mussten neue, digitale Kameras entwickelt werden, sonst würden sich auch die teuren, qualitätsvollen Objektive nicht verkaufen lassen.

Das gelang. Eine erste digitale M8-Kamera war erfolgreich, ebenso die weiter entwickelten Nachfolger-Modelle M9 und M. Darunter führte man kompaktere Modelle ein, eigene unter der X-Reihe, billigere in Kooperation mit dem japanischen Panasonic-Konzern als D-Reihe. Und Leica investierte darüber hinaus kräftig in die Rückkehr in den Profi-Bereich für Werbung und Modefotografie, mit mächtigen Boliden, die übergroße Sensoren besitzen.

Für die internationale Expansion mit Boutiquen und neuen Vertriebspartnern holte Kaufmann noch einen amerikanischen Investment-Fonds ins Unternehmen, Blackstone. Dieser hält jetzt 45 Prozent, Kaufmann beharrte auf seiner Mehrheit mit 55 Prozent. Die Umsätze stiegen jedenfalls kontinuierlich, und Leica konnte sich in einem schwierigen Markt überdurchschnittlich gut behaupten.

Denn die Mobiltelefone haben den Kompaktkameras weltweit dramatische Rückgänge beschert. Einerseits ist die Bildqualität der Handys immer besser geworden. Andererseits wollen die Knipser ihre Fotos schnell versenden und nicht erst zuhause von der Kamera auf den Computer überspielen. Leica hat sich daher von den Kompaktkameras fast völlig zurückgezogen – und konzentriert sich lieber gleich mit einem globalen Riesen direkt aufs zukunftsträchtige Smartphone-Geschäft. Natürlich nur als zweites Standbein neben seinen optischen Luxus-Maschinen.

Goodbye Kodak

Wenn es je einen weltweiten Markennamen gegeben hat, der für Fotografie im Alltagsleben stand, dann war das Kodak. Gegründet von George Eastman im Jahr 1888 wurde Kodak zu einem Weltkonzern. In den USA kauften die Amerikaner Mitte der 70er Jahre 90 Prozent sämtlicher Filme und 87 Prozent aller Kameras mit dem gelb-roten Logo. 1991 erzielte der Konzern einen Rekordumsatz von 19,4 Milliarden US-Dollar.

Kodak forschte auch an Alternativen zum Film, so brachte das Unternehmen bereits Anfang der 90er Jahre mit der „DC-100" eine erste Digitalkamera in den Handel. Es handelte sich aber um ein teures Spezialmodell, unverkäuflich für ein Massenpublikum. Und Kodak war nicht konsequent genug in seiner Umstellung auf digital. Als das Filmgeschäft wegbrach, ging es steil bergab. Im Jahr 2012 musste der Konzern Konkurs anmelden. Das Unternehmen lebt heute nur mehr als relativ kleiner Spezialist für elektronische Dokumente - und erzeugt weiterhin einige seiner populärsten Kleinbild-Filme.

Der japanische Konkurrent Fuji hat den Übergang besser bewältigt. Auch Fuji war anfänglich ganz vom Film abhängig gewesen. Heute ist der Konzern breiter aufgestellt, diversifiziert, wie der Fachausdruck heißt. Auch Fuji stellt noch immer Filme her, diese machen aber nur einen ganz kleinen Teil seiner Umsätze aus. Fuji hat sich erfolgreich als Anbieter hochwertiger Digitalkameras etabliert, und Fuji ist ein weltweit anerkannter Spezialist für medizinische Bildgebung.

Der Nutzen der feinen Fäden

NANOTECHNOLOGIE IST BEREITS DEN LABORS ENTWACHSEN UND WIRD IN ERSTEN ANWENDUNGEN VERMARKTET.

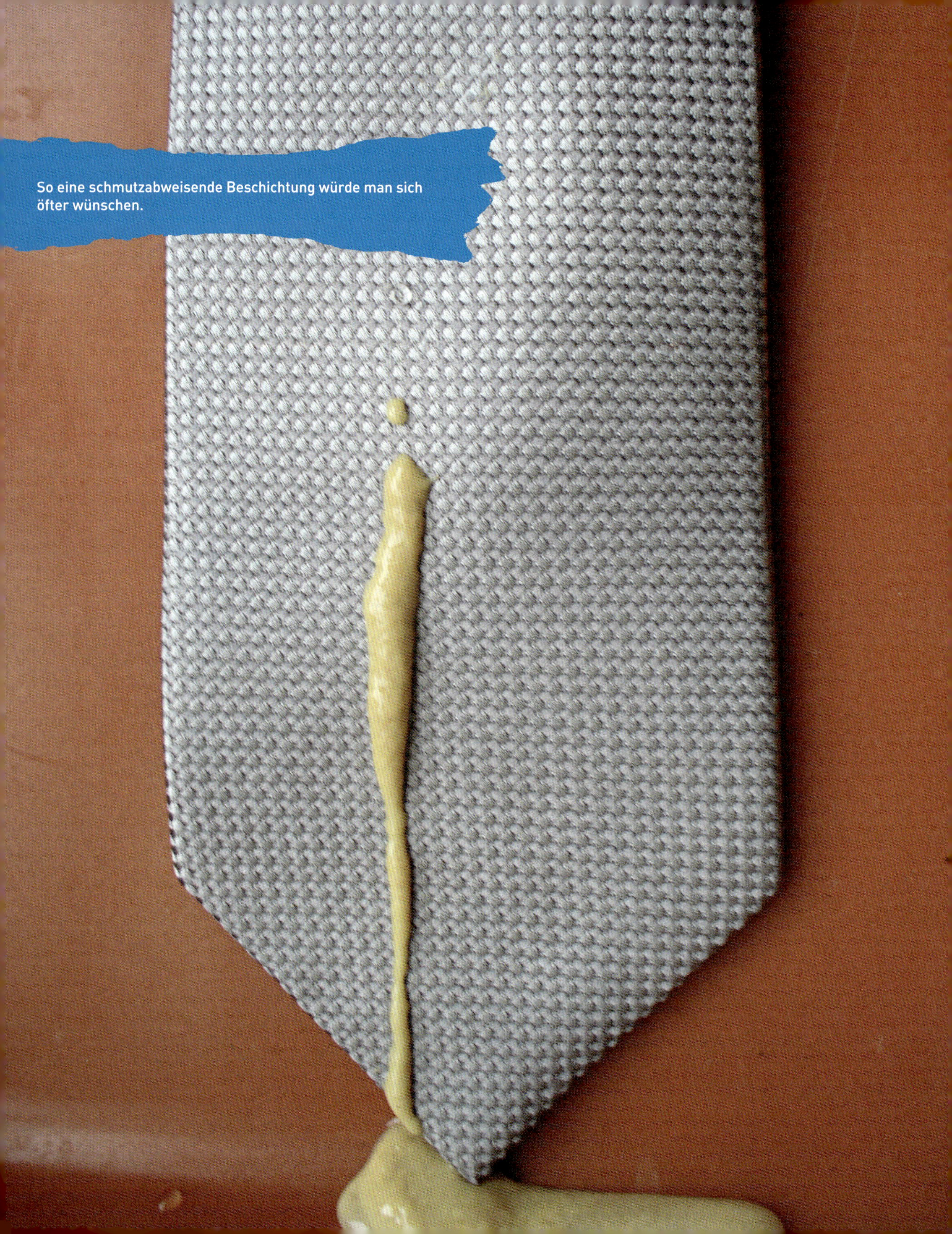

So eine schmutzabweisende Beschichtung würde man sich öfter wünschen.

Ladislav Torcik schreckt gerne seine künftigen Geschäftspartner. „Ist das mein Bier?“, fragt er bei einem Mittagsempfang in der tschechischen Botschaft in Wien. Dann nimmt er eine Pipette, zieht einige Tropfen Flüssigkeit aus dem Glas – und lässt sie plötzlich auf seine bunte Krawatte fallen. Die herumstehenden Herren zucken zusammen: Sie alle haben sich schon einmal angepatzt, und vor einigen von ihnen steht noch ein Teller mit Rindsgulasch. Doch das Unglück tritt nicht ein. Wie von einem magischen Vorhang beschützt, perlen die Biertropfen von der Krawatte ab. Sie bleibt sauber und frisch wie aus dem Geschäft. Torcik hat seinen Spaß dabei, wenn er die überraschten Gesichter sieht.

Torcik ist tschechischer Jungunternehmer und er ist nach Wien gekommen, um hier Kontakte zu knüpfen. Seine Fünf-Mitarbeiter-Firma NanoTrade verkauft unter anderem Textil-Produkte, die Nanotechnologie einsetzen, um bestimmte Eigenschaften zu verbessern. Und Schmutzabweisen ist eine davon. Eine andere betrifft etwa die Temperaturregelung bei Sportlern am Körper. Am Beginn des Trainings ist es kalt, dann beginnt sich der Läufer aufzuwärmen, schließlich schwitzt er. Moderne Textilien, die winzige Silber-Nano-Fäden eingewoben haben, können hier helfen: Die Feuchtigkeit wird nach außen abtransportiert, außerdem wird der Schweißgeruch verhindert und der Stoff wirkt antibakteriell. Überdies können derartige Materialien als UV-Schutz dienen, bei herkömmlichen Geweben strahlt die Sonne oft durch.

Es funktioniert ähnlich wie die schon länger bekannten Gore Tex-Gewebe, die als äußerste Schicht Sportler, Arbeiter und Wanderer gegen Regen und Wind schützen und dennoch die Feuchtigkeit von innen durchlassen. Nur sind hier die Poren noch einmal viel kleiner. Die Textilien von NanoTrade werden auch an ganz anderen Orten eingesetzt als auf der Laufstrecke oder am Tennisplatz, etwa im Operationssaal von Spitälern, in Bäckereien, wo es besonders heiß ist, oder in verschiedenen Fabriken.

Feinste Nano-Strukturen unter dem Mikroskop.

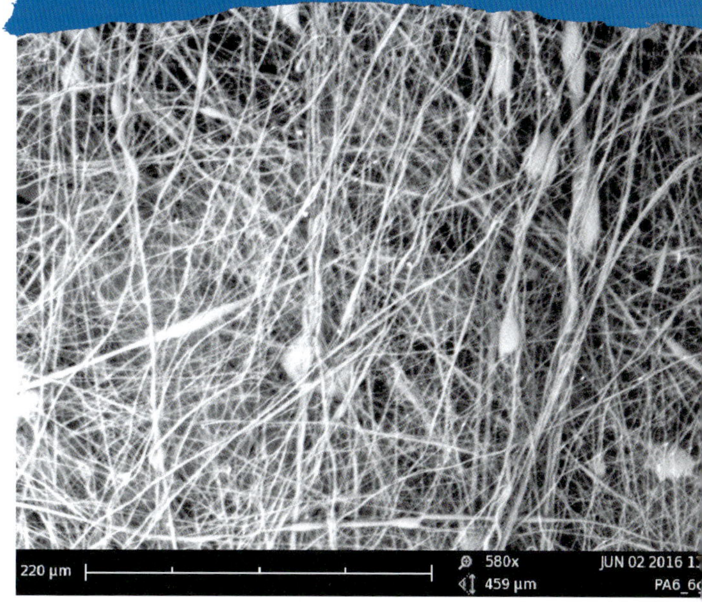

„Nanotechnologie orientiert sich an der Natur", erklärt Martin Jotov, Marketingdirektor eines anderen tschechischen Unternehmens, das sich auf diese Branche spezialisiert hat, IQ Structures. „Beispiele sind etwa Geckos, Schmetterlinge oder Lotusblätter. Geckos können mit ihren Saugnäpfen an den Füßen über senkrechte Glasfenster laufen; Schmetterlinge leuchten in allen Farben, aber sie sind nicht selbst bunt, sondern reflektieren bloß das Licht auf raffinierte Weise; und Lotusblätter lassen durch ihre Oberflächenbeschichtung Wassertropfen abperlen." IQ Structures nutzt etwa Nanotechnologie – ganz in Anlehnung an die Schmetterlinge –, um Banknoten oder Ausweisdokumente mit Hologrammen sicherer zu machen. Auch hier werden keine Farben aufgedruckt, sondern die Nano-Materialien lassen das Lichtspektrum bunt strahlen. Damit wird das Fälschen sehr schwierig.

Vorbild Natur: Füße des Geckos, Oberflächen von Lotusblättern, Flügel von Schmetterlingen.

Weitere Anwendungen von Nano-Geweben finden sich in der Filtertechnik. Denn die Poren dieser Filter sind so fein, dass sie nicht nur größere Schmutzpartikel stoppen, sondern sogar ganz kleine Schadstoffe wie Bakterien. Solche Filter werden etwa bereits bei großen Schweinemastbetrieben genutzt: Aus der stinkenden Gülle entsteht sauberes Wasser, die festen Stoffe werden zu Pellets verpresst, die man in Heizanlagen verbrennen kann und bei denen man keinen Hauch von Schweinestall mehr riecht.

In der Industrie kann man etwa gefährliche Schwermetalle aus dem Abwasser herausholen. Und für private Haushalte gibt es erste Nano-Filter zum Reinigen des Swimmingpool-Wassers. Man muss diese Filter nicht mehr oft tauschen. Überdies benötigen sie kleinere Pumpen mit weniger Stromverbrauch als herkömmliche Filter, die das Wasser durch Sand laufen lassen. Außen-Anstriche mit Nano-Teilchen können Fassaden lange sauber halten, weil schmutzige Regentropfen daran abperlen wie das Bier an der Krawatte. Und eine ganz andere Anwendung vermag Allergikern zu helfen. Bettwäsche mit Nano-Beschichtung schützt sie vor lästigen Staubmilben, denn die Gewebe sind so fein, dass diese Mini-Tierchen nicht mehr durchschlüpfen können. Den-

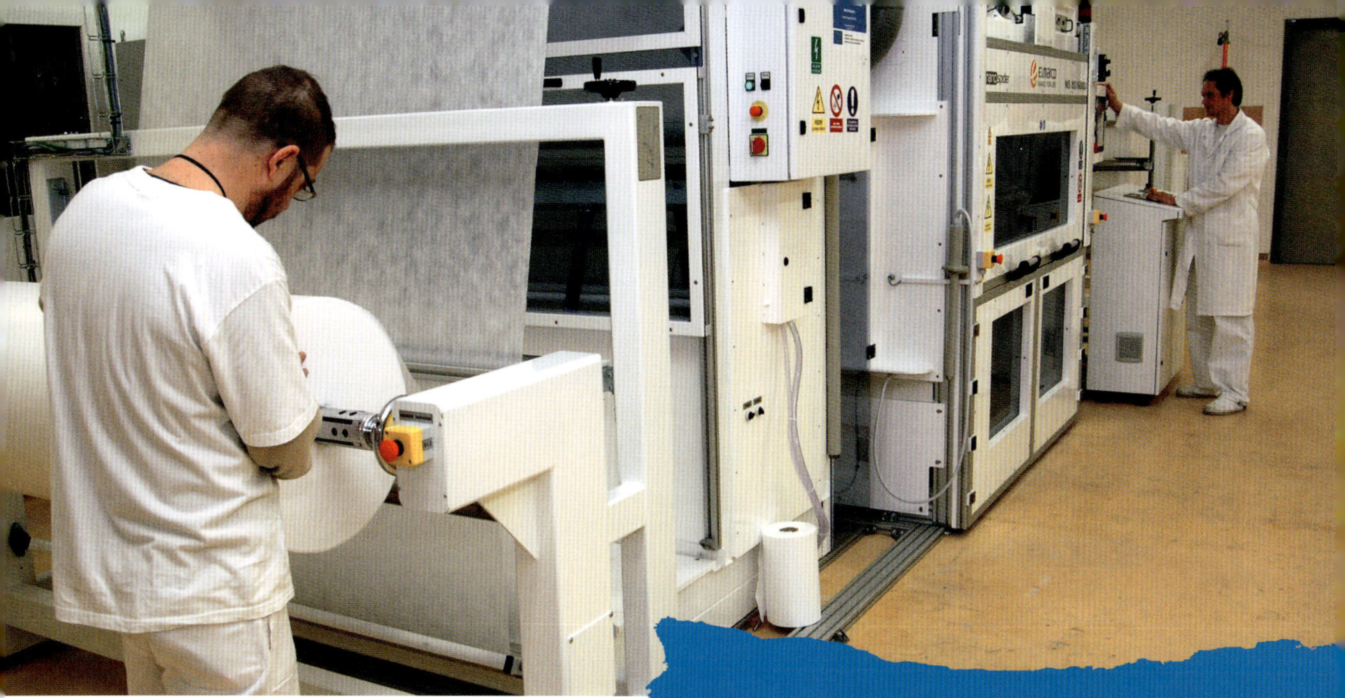

Spinnerei-Anlage für Nano-Textilien in einer tschechischen Fabrik. Nanotechnologie ist im Nachbarland ein industrieller Schwerpunkt.

noch bleiben die positiven Eigenschaften herkömmlicher Baumwollgewebe erhalten.

„Wir stehen an der Schwelle zu einer neuen industriellen Revolution", so Jiří Kus. Er ist Geschäftsführer des tschechischen Nanotechnologie-Verbands, einem Zusammenschluss von Unternehmen, die sich der neuen Technologie verschrieben haben. Es sind schon mehr als 40 Unternehmen in seinem Land, meist Mittelbetriebe, die auf diese Karte setzen. Und sie sind im gesamten Zyklus tätig – von der Forschung über die Produktion bis zur Anwendung beim Endverbraucher. Denn es genügt nicht, Visionen zu haben. Die superfeinen Fäden muss man verlässlich industriell spinnen können, auch dazu bedarf es neuester Technologien.

Aber die Visionen von Kus reichen sehr weit. So kann er sich etwa vorstellen, dass in naher Zukunft Häuser ihr eigenes Wasser mit Nano-Filtern wieder aufbereiten und aufs Neue verwenden. Mit Hilfe von 3D-Nano-Batterien könnte der Preis vom Stromspeichern deutlich gesenkt werden. Das wiederum würde es Besitzern von Eigenheimen ermöglichen, energieautark zu werden. Denn bisher ist das Speichern des am eigenen Hausdach mittels Photovoltaik erzeugten Stroms für die Nacht zu teuer. Und schließlich lassen sich auf der Basis feinster Nano-Strukturen mit menschlichen Stammzellen Ersatzorgane im Labor herstellen. Schon jetzt werden Nano-Cremen in der Tiermedizin zur schnellen Wundheilung erfolgreich eingesetzt.

Marktmacht und Millionenstrafen

DER LEBENSMITTELHANDEL IST IN ÖSTERREICH
IN WENIGEN HÄNDEN KONZENTRIERT.

Billa-Filiale in Wien:
Wöchentliche Rabattschlacht im Kampf um die Kunden.

Spar-Konzern:
Vom Zusammenschluss kleiner Händler zur mächtigen Gruppe mit unterschiedlichen Betriebsgrößen.

Diese Strafen waren alles andere als alltäglich. 20 Mio. Euro musste der Rewe-Konzern 2013 zahlen, zwei Jahre später wurden für den Konkurrenten Spar 30 Mio. Euro fällig. Die Vorwürfe der Wettbewerbsbehörde: Die beiden Handelsgruppen hätten ihren Lieferanten verboten, deren Produkte jemand anderem billiger anzubieten als ihnen selbst. Das bedeutet einen klaren Verstoß gegen die Regeln des freien Wettbewerbs.

Warum fuhren die Behörden mit derart großem Geschütz gegen die Lebensmittelketten auf? Sie hatten vor den Verfahren mit den hohen Strafen sogar Hausdurchsuchungen durchgeführt. Es geht um das Problem der Marktmacht, die sich in einigen wenigen Händen konzentriert. Laut dem Wiener Universitätsprofessor und Handelsforscher Peter Schnedlitz beherrschen vier Gruppen 90 Prozent des heimischen Lebensmittelhandels: Rewe (Billa, Merkur, Penny), Spar (Interspar, Eurospar, Spar Gourmet), Hofer und Lidl. Dabei dürften die beiden Diskonter gemeinsam etwa 25 Prozent erreichen (Hofer 20, Lidl fünf). Das bedeutet: Rewe und Spar liegen mit jeweils mehr als 30 Prozent Marktanteil weit voran. Oder anders formuliert: Zwei von drei Euro, die in Österreich täglich für Lebensmittel ausgegeben werden, kassieren diese beiden Konzerne.

Aber was sind die Folgen dieser Konzentration? Höhere Preise als im benachbarten Deutschland, behaupten Konsumentenschützer und Arbeiterkammer seit vielen Jahren, und zwar bei weitgehend gleichen Produkten. Um zehn bis 25 Prozent mehr zahlen die Österreicherinnen und Österreicher für Mineralwasser, Butter, Bier und Nudeln als ihre Nachbarn in Bayern, Baden-Württemberg oder Berlin. Und diese Vorwürfe waren keine bloßen Schätzungen. Mit schöner Regelmäßigkeit wurden sie mit wirklichen Einkäufen anonymer Tester von identischen Warenkörben auf beiden Seiten der Grenzen belegt. Das geschah sogar oft in Filialen derselben Ketten, die sowohl in Österreich als auch in Deutschland ihr Geschäft betreiben.

Die Handelsketten und auch die Wirtschaft wehrten sich ebenso regelmäßig. Ja, die Preisunterschiede gebe es, aber dafür finden sich in Österreich noch andere Gründe als ihre eigene Marktmacht. Der „Österreich-Zuschlag" sei auch damit begründet, dass Österreich ein kleinerer Markt sei, dass hier die Steuern und Lohnnebenkosten höher seien und dass das Alpenland mit seinen vielen kleinen Orten in entlegenen Tälern eine aufwändigere Logistik erfordere.

Doch die Preisunterschiede blieben auch, wenn man die Mehrwertsteuer herausrechnete. Und Bayern hat ebenso seine alpinen Regionen und Bergdörfer in Randlage. Also dürfte wohl doch die Konzentration der Händler die entscheidende Rolle spielen. Diese Konzentration kommt nicht von ungefähr, ein kurzer Blick in die Geschichte hilft dabei, sie zu verstehen.

Der wohl wichtigste Pionier des modernen Einzelhandels in Österreich hieß Karl Wlaschek. Er gründete Anfang der 50er Jahre in Wien eine Parfümerie. Bald danach führte er hier Lebensmittel-Selbstbedienungsfilialen nach US-Vorbild ein – unter dem Namen Billa, das stand für „Billiger Laden". Das Modell war extrem erfolgreich, Billa wuchs rasch österreichweit. Anfang der 90er Jahre setzte Wlaschek bereits 50 Milliarden Schilling um. 1996 machte er dann Kasse und verkaufte seine Gruppe, zu der inzwischen auch Merkur und Mondo gehörten (das wurde später zu Penny) an den deutschen Rewe-Konzern.

Etwas später als Wlaschek hatte sich in Österreich der Spar-Konzern gebildet. Ursprünglich war das ein Zusammenschluss unabhängiger Kaufleute gewesen, doch dann übernahmen mehrere Familien in Tirol und Salzburg das Kommando und expandierten unter dem Logo des grünen Bäumchens ebenfalls stark in allen Bundesländern.

Entscheidend für die Konzentration im Handel war der Untergang zweier großer Anbieter. 1995 rutschte der riesige rote Konsum in die Insolvenz, der Konsum hatte damals 15.000 Beschäftigte und mehr als 600 Filialen. Diese wurden unter der Konkurrenz aufgeteilt: Das waren neben Billa und Spar noch Meinl, Adeg und Löwa. Einige Jahre später beendete die Familie Meinl ihre fast 140-jährige Tätigkeit als Lebensmittelhändler und beschloss, sich nur mehr auf die Bank und die Produktion von Marmelade und Kaffee zu beschränken. Ein Großteil der Meinl-Filialen ging an die Konkurrenz – und die Konzentration im Lebensmittelhandel stieg noch einmal. Später übernahm dann noch Spar Adeg, und erst im Vorjahr stellte Zielpunkt (früher Löwa) seine Tätigkeit ein – etwa die Hälfte der Filialen wird – erraten – die Konkurrenz weiterführen.

Geschlossene Zielpunkt-Filiale:
Die Konzentration im Handel nimmt noch einmal weiter zu.

Dafür, dass nicht nur zwei einsame Anbieter den gesamten Markt beherrschen, sorgen die beiden Diskonter Hofer und Lidl. Hofer gehört zur deutschen Aldi-Gruppe, und auch Lidl ist die Tochter eines deutschen Konzerns. Sie wuchsen sehr schnell, und mit der Zeit änderten sie ihr einst knallhartes Diskont-Konzept und wurden konventioneller, breiter. Jetzt bekommt man dort frisches Obst und Gemüse, es gibt Qualitätswein und Backstationen, sogar eigene „Luxus-Angebote".

Was die Diskonter nicht mitmachen, ist die österreichische Rabattschlacht, die es so ausgeprägt nur in wenigen anderen europäischen Ländern gibt. Spar und Rewe haben ein fast undurchschaubares System von Rabattmarken und Vorteilen für die Besitzer von Kundenkarten entwickelt. Es gibt Geburtstags-Boni und günstiges Late-Night-Shopping vor langen Wochenenden, zehn-, 15- und 25-Prozent-Abschläge für unterschiedliche Warengruppen, je nachdem wieviel man im Vormonat eingekauft hat. In den Werbebroschüren, die an jeden Haushalt gehen, werden wöchentlich neue Aktionen für Bier, Käse oder Wein angekündigt.

Ein Produkt, viele Preise

Der Lebensmittelhandel ist nicht die einzige Branche, in der für ein und dasselbe Produkt stark unterschiedliche Preise verlangt werden. Im Tourismus gab es schon immer Saisonpreise für Hotelzimmer. Dasselbe Bett in einem alpinen Wintersportort war natürlich zu Weihnachten teurer als im März.

Diese Preis-Differenzierung ist inzwischen noch viel ausgeprägter geworden. Der Fachbegriff dafür lautet Yield-Management. Das bedeutet, dass ein Flug oder eben ein Hotelzimmer innerhalb kürzester Zeit ein Vielfaches oder einen Bruchteil kosten können. Fluglinien berechnen ihren Business-Passagieren, die an Wochentagen in der Früh wegfliegen und am Abend zurück, deutlich mehr Geld als jenen Kunden, denen Mittag oder Nacht nichts ausmachen. Und die Hotels in Wien kennen nicht nur Höchstpreise zu den Feiertagen, auch kurzfristig können die Room Rates hinaufschnellen, etwa bei Fünf-Stern-Häuser rund um das Opernball-Wochenende im Februar, oder für die gesamte Branche, wenn ein riesiger Mediziner-Kongress in der Stadt tagt.

Vermeidet ein flexibler Städtetourist diese teuren Tage, dann kann er sogar in eleganten Hotels recht günstige Wochenenden verbringen. Denn das Management vermietet lieber zu einem niedrigen Preis, als das Haus leer stehen zu haben. Denn eine nicht verkaufte Hotelnacht lässt sich später nicht mehr vermarkten. Die kann man nämlich nicht aufs Lager legen.

Handelsspezialist Professor Schnedlitz in einem Zeitungsinterview mit den Oberösterreichischen Nachrichten: „Die Handelsketten haben uns zu Aktionskäufern gemacht und beschweren sich jetzt, dass wir Aktionen kaufen. Kein vernünftiger Österreicher kauft mehr Bier, Toilettenpapier oder Kaffee zum Normalpreis." Das mag die Preisunterschiede gegenüber Deutschland zwar etwas dämpfen, aber die Aktionen umfassen nie den gesamten Bedarf eines Haushalts. Also kauft man weiter teuer.

Strom aus Wind und Wasser

DIE ENERGIEERZEUGUNG IST EIN ÄUSSERST KOMPLEXES SYSTEM.

Schwere Arbeit unter Tag:
Kraftwerksbaustelle in den Kärntner Alpen.

Im Sommer 2016 ging das neueste hochalpine Kraftwerk in Betrieb. Reißeck II heißt es und liegt in den Kärntner Hohen Tauern, unter der Erde, eigentlich im Fels. Der Energiekonzern Verbund hat hier 400 Millionen Euro investiert für zwei mächtige Turbinensätze und 3,5 Kilometer Druckstollen mit Durchmessern von bis zu sieben Metern. In ihnen stürzt das Wasser von einem Stausee hinunter auf die stromerzeugenden Turbinen, oder wird von ihnen wieder nach oben gepumpt.

Es sind immer wieder gewaltige Baustellen in den Alpen, bei denen sich Mineure in die Berge hineingraben oder durch sie hindurchsprengen. Neben Kaprun, dem bekanntesten großen Speicherkraftwerk in den österreichischen Alpen, sind seit 1950 zahlreiche weitere gebaut worden, von Rodundwerk oder Lünerseewerk in Vorarlberg über Malta in Kärnten, Silz in Tirol oder das Salzburger Limberg. Allein bei Reißeck II in Kärnten waren insgesamt 350 hoch spezialisierte Arbeiter im Einsatz.

Die 430 Megawatt des Kraftwerks Reißeck II – es ist eigentlich Teil einer viel größe-

Verbund-Windpark in Niederösterreich: Sauberer Strom, aber nicht immer verfügbar.

ren Kraftwerkskette, die bis ins Kärntner Maltatal reicht – vergleicht der Verbund nicht von ungefähr mit der Stromerzeugung von 200 Windrädern. Denn Wasser und Wind spielen in der modernen Energieversorgung eng zusammen.

Ende 2015 gab es in Österreich insgesamt 1.119 Windkraftanlagen mit einer Gesamtkapazität von 2.400 Megawatt. Das entsprich laut IG Windkraft dem Strom für 1,5 Millionen Haushalte. Dieser Strom wird sauber und umweltfreundlich erzeugt, er hat aber einen großen Nachteil: Der Wind weht, wann er will, manchmal stark, manchmal schwächer, manchmal gar nicht.

Daher braucht ein stabiles Energiesystem andere Stromerzeuger, die kurzfristig einspringen können, damit die Spannung stabil gehalten wird, damit es keine Ausfälle, so genannte Black-Outs gibt. Das können etwa Gaskraftwerke sein, die man schnell hochfahren kann, aber am praktischsten sind die Speicherkraftwerke in den Alpen. Auf einen Knopfdruck hin öffnen sich riesige Kugelventile und lassen das Wasser aus alpinen Stauseen über lange Druckleitungen auf die Turbinen fallen, und der Strom geht sofort ins Netz.

Dieser Strom, der auch Spitzenlast heißt, ist natürlich wertvoll, wertvoller als jener, der stetig, aber unflexibel an den Laufkraftwerken an der Donau erzeugt wird oder in den deutschen Kernkraftwerken und Koh-

Hochspannungsleitung:
Der Strom muss vom Kraftwerk zum Verbraucher gelangen, aber keiner will die Masten vor seiner Türe.

Donaukraftwerk Abwinden Asten in Oberösterreich: In der Nacht wird mit dem Strom Wasser in die alpinen Speicher hinaufgepumpt.

lenmeilern. Denn längst gibt es einen europäischen Strommarkt, die Energie wird international gehandelt und fließt auch über die Grenzen hinweg.

Österreich ist schon jetzt reich an diesem wertvollen Spitzenstrom – und verkauft ihn bereits seit Jahren routinemäßig auch an deutsche Abnehmer – bis hinauf ins Ruhrgebiet. Wenn dort die höchsten Tagesverbräuche beginnen – etwa zu Mittag oder am Abend –, können auch die deutschen Stromnetz-Manager mit einem einfachen Knopfdruck die weit entfernten alpinen Turbinen anwerfen. In der Nacht wird dann mit billiger Grundlast – aus heimischen Donaukraftwerken oder aus deutschen Kernreaktoren – wieder hinaufgepumpt. „Veredelung" nennen die Kraftwerksmanager diesen Vorgang. Und auch Strom aus Windparks wird dazu verwendet, die Stauseen in den Felsen immer wieder nachzufüllen und das Wasser für spätere Einsätze bereit zu halten. Dafür sind die Turbinen so gebaut, dass sie eben in beide Richtungen laufen können, zur Stromerzeugung und zum Pumpen.

Dazu braucht es aber die entsprechenden Verbindungen - leistungsfähige Leitungen, oder Stromtrassen. Denn üblicherweise finden Erzeugung und Verbrauch nicht am selben Ort statt. So stehen etwa in Österreich die meisten Windparks im Osten – in Niederösterreich und im Burgenland. Die Industrie findet sich zwischen Wien, Graz und Linz. Und die Speicherwerke, die zu

Spitzenzeiten zum Einsatz kommen, liegen wiederum in Salzburg, Tirol, Vorarlberg und Kärnten.

Noch schwieriger ist die Verknüpfung unterschiedlicher Erzeuger in Deutschland. Dort wurden die großen Windparks im Norden errichtet, teilweise vor der Nordseeküste im offenen Meer. Die größten Verbraucher – sowohl Industrie als auch Privatpersonen – ballen sich aber viel weiter südlich zusammen, zwischen dem Ruhrgebiet und Bayern. Dafür wären neue Stromleitungen notwendig, aber diese werden an zahlreichen Orten von lokalen Bürgerinitiativen blockiert, die Politiker machen mit. Jeder will zwar den sauberen Strom, aber er soll anderswo vorbeifließen.

Und auch wirtschaftlich ist die Energiewende eine komplizierte Angelegenheit. Solarenergie spielt einstweilen – im Gegensatz zu Bayern – hierzulande noch eine eher kleinere Rolle. In Österreich macht sie etwa 1,4 Prozent der gesamten Stromerzeugung aus. Dabei subventionieren die Stromkunden die alternativen Erzeuger, auch Windparks, schon seit Jahren recht kräftig. Auf der Stromrechnung finden sich neben Netzgebühr und tatsächlichem Verbrauch noch Posten wie Ökostrompauschale oder Ökostromförderbeitrag.

Das betrifft nicht nur die Konsumenten, sondern ebenso die Stromerzeuger. Die Zunahme an Strom aus Windrädern hat auch die Kalkulationen der Energieerzeuger völlig durcheinander gebracht. Denn sie haben große moderne Gaskraftwerke gebaut, aber diese laufen jetzt nicht mehr so lange wie geplant, sondern füllen nur mehr die Lücken – wenn eben der Wind nicht bläst. Damit sind sie nicht mehr rentabel und führen immer wieder zu roten Zahlen in den Bilanzen der Stromerzeuger. Das gesamte System wird reformiert werden müssen – derzeit ist es eine Mischform aus Markt und Staat: Die einen – Windkraft – werden gefördert, die anderen – Energieversorger – müssen die Versorgung sicherstellen und die Verluste tragen. Das wird sich auf Dauer so nicht halten lassen.

Aber es wird in naher Zukunft ohnehin noch einmal viel komplizierter werden. Denn sobald es bessere Batterien gibt, wird sich die private Stromerzeugung mit Solaranlagen rechnen. Dann kann ein Haushalt während des Tages die Energie erzeugen, die er nach Sonnenuntergang selbst wieder verbraucht. Er wird aber dennoch immer wieder zusätzlichen Strom benötigen und zukaufen, zu anderen Zeiten aber auch Teile seiner eigenen Produktion ins Netz abgeben. Dann gibt es nicht mehr einige große Erzeuger im Land und viele Verbraucher, sondern auch unzählige Erzeuger. Das gesamte System wird dezentraler, aber natürlich auch um vieles komplexer. Und Investitionen in große Kraftwerke werden noch einmal unsicherer.

Solidarisches Teilen oder Big Business?

AIRBNB, UBER UND VIELE MEHR: WIE DIE SHARING ECONOMY WELTWEIT VERSCHIEDENE BRANCHEN IN IHREN GRUNDFESTEN ERSCHÜTTERT.

Wo ist unsere Ferienwohnung?
Junge Reisende bei der Orientierung in der Wiener City.

Die Angebote klingen verlockend. Auf einer übersichtlichen elektronischen Karte der Innenstadt von Amsterdam sind die Übernachtungsmöglichkeiten aufgelistet: vom Dachkammerl um 45 Euro bis zum ganzen Luxus-Appartement, das mit 140 Euro pro Nacht immer noch nicht teurer kommt, als ein durchschnittliches Hotelzimmer. Noch dazu lebt man dort, wo die Einheimischen wohnen, kann für ein paar Tage in eine andere Kultur eintauchen, viel intensiver als auf den herkömmlichen Tourismuspfaden.

Möglich macht das ein globaler Internet-Riese: Airbnb. Die Abkürzung steht für Airbed and Breakfast, also Luftmatratze und Frühstück. Und angeblich hat das Geschäftsmodell auch so studentisch begonnen. Mittlerweile zählt Airbnb zu den erfolgreichsten Start-ups der amerikanischen Wirtschaft. Gegründet im Jahr 2008, ist das Unternehmen mittlerweile rund um den Erdball aktiv: in Nordamerika und Asien, in Europa und in Lateinamerika. Und obwohl Airbnb nicht an der Börse notiert, wird es bereits mit 20 Mrd. US-Dollar bewertet, damit liegt es bereits unter den größten Hotelkonzernen der Welt – nur knapp hinter Marriott und Hilton.

Aber Airbnb besitzt selbst kein einziges Bett. Es vermittelt bloß – für Gebühren zwischen sechs und 12 Prozent auf Seiten der Vermieter und noch einmal drei Prozent auf jener der Mieter. Durch die vielen Nutzer kommen dann trotz der vergleichsweise niedrigen Beträge enorme Summen zustande. Doch Airbnb hat noch eine andere Seite, eine weniger soziale und freundliche. Denn längst vermieten nicht mehr bloß Studenten ein gerade leer stehendes Zimmer einer WG, die Sache ist deutlich kommerzieller und professioneller geworden. Viele der Wohnungen werden überhaupt nur mehr an Touristen angeboten und haben keine lokalen Hauptmieter mehr. Die Folgen: Gerade in den Innenstädten wird der einheimischen Bevölkerung knapper Wohnraum entzogen. Überdies entsteht damit zusätzlicher Druck auf die Mieten: Denn ein junges Paar schafft es kaum, so viel zu bezahlen, wie der Vermieter mit regelmäßig wechselnden Kurzzeit-Gästen erzielen kann.

„Wie viele Wohnungen Airbnb in ganz Österreich anbietet, wissen wir nicht", erzählt Michaela Reitterer, die Chefin der Österreichischen Hoteliersvereinigung. „In Wien sind es etwa 5.000." Im heimischen Tourismus hat es immer Privatzimmervermieter gegeben, die suchen heute ihre Gäste eben über die neue Plattform. Das stört Reitterer auch nicht, die selbst neben dem Wiener Westbahnhof ein Öko-Hotel betreibt. „Aber man sollte alle gleich und fair behandeln", fordert sie. Die gewerblichen Betriebe müssen sehr viele Auflagen erfüllen – ob es um Brandschutz geht, ums Arbeitsinspektorat oder die Hygiene. „Bei den Wohnungen auf Airbnb schauen die Behörden oft weg", so Reitterer. Dabei gebe es unter ihnen viele, die schwarz arbeiten, keine Steuern und Abgaben zahlen, auch ihr Personal nicht anmelden. „Und wenn in Wien allein vier Besitzer zusammen 500 Wohnungen anbieten, dann hat das mit dem ursprünglichen Sharing-Prinzip nichts zu tun."

Daher haben auch manche Stadtverwaltungen reagiert – unterschiedlich. Berlin etwa hat das Vermieten von Wohnungen über Airbnb generell verboten. In New York darf jemand nur eine einzige Wohnung ins Web stellen, eine Wohnung, die er auch selbst nutzt. Und in Amsterdam haben sich Gemeinde und Airbnb darauf geeinigt, dass die Buchungsplattform die Kurtaxe einhebt. In Wien wurden dazu ebenfalls Verhandlungen aufgenommen.

Nicht unähnlich ist die Lage bei Uber, dem ebenfalls längst international operierenden Fahrtendienst. Uber verbindet über eine App Kunden und Fahrer, die mit ihren Privatautos Taxiservices offerieren. Im Normalfall sind sie etwas billiger als die regulären Taxis, aber in Spitzenzeiten, sei es zur Rush Hour, bei Eisregen oder gar zu Silvester, kann der Preis dramatisch nach oben schnellen – auf ein Vielfaches der üblichen Tarife. Ähnlich wie bei Airbnb besitzt auch Uber keinen eigenen Fuhrpark, sondern kassiert nur eine Vermittlungsgebühr, in diesem Fall 20 Prozent jeder Fahrt.

Michaela Reitterer, die Chefin der Österreichischen Hoteliersvereinigung: Man sollte alle gleich und fair behandeln – Privatvermieter und Hoteliers.

Dass sich die alteingesessenen Taxler diese neue Billig-Konkurrenz nicht so einfach gefallen ließen, ist klar. Es gab Demonstrationen, Stau-Fahrten, sogar gewaltsame Übergriffe auf Uber-Fahrer in zahlreichen Städten. Dann folgten die Klagen. Taxi-Unternehmer zogen vor Gericht, um von Uber dieselben Bedingungen einzufordern, wie sie die Behörden ihnen selbst vorschrieben. Und die Gerichte entschieden – in mehr Fällen gegen Uber als für den Konzern. So zog sich das Unternehmen aus manchen europäischen Städten wieder zurück, in anderen bietet man nur einen abgeschlankten Dienst an, nämlich die Vermittlung von konzessionierten Mietwagen, keine Privatfahrer. Doch auch hier sind die Gerichtsverfahren nicht überall beendet, denn selbst damit könnte Uber noch gegen Taxi-Bestimmungen verstoßen. Das rasante Wachstum des US-Anbieters hat sich jedenfalls verlangsamt. Und zur gleichen Zeit nutzen auch die etablierten Taxi-Unternehmen schon Apps, um ohne große Funkzentralen näher an ihren Kunden zu sein.

DriveNow-Auto von BMW:
Klassisches Mietwagengeschäft, kein Sharing von Gütern oder Geräten zwischen Bürgern.

Dabei ist das Prinzip des Teilens („Sharing") von Geräten, Wohnraum oder Maschinen nichts gänzlich Neues. So gibt es etwa am Land schon lange Maschinenringe. Dabei schaffen kleinere Bauern gemeinsam die teuersten Geräte wie Mähdrescher an, die sie allein weder bezahlen noch auslasten könnten. Der genossenschaftliche Wohnbau ist ein ähnliches Modell. Dort zahlen künftige Mieter oder Wohnungseigentümer in einen großen Topf ein, aus dem dann Grundstück und Bau finanziert werden.

Selbst in den Industrie findet man ähnliche Modelle. Die steirische Firma TCM hat sich etwa mit mehr als 500 Mitarbeitern darauf spezialisiert, großen internationalen Industrieunternehmen, wie General Motors,

Volkswagen, Pankl Racing oder Ford die Sorgen mit ihren Werkzeugen in der Fertigung abzunehmen. Die Produktionsfirmen müssen die Bohrer oder Fräsköpfe nicht mehr selbst kaufen, das erledigt TCM. Dafür zahlt die Industriefirma einen bestimmten, kleinen Betrag pro gefertigtem Metallstück. Der Dienstleister ist dafür verantwortlich, dass alles funktioniert: Er muss sich rechtzeitig um Ersatz und Wartung kümmern. Und dadurch, dass er das gleich für viele Produzenten macht, kann er zusätzliche Expertisen erwerben und auch die Ersatzteile billiger nachkaufen.

Die neueste Kommunikationstechnologie – vor allem mittels Handy und Apps – hat auch den wirklichen Sharing-Communities neuen Schwung gegeben. Dabei kann es sich um den Tausch von Wohnungen handeln, wo Familien im Sommer ihre Stadtwohnung in Wien gegen ein Landhaus in den USA tauschen – ohne Geld, nur Leistung gegen Leistung. Es kann eine echte Car-Sharing-Börse sein wie Drivy, die Privatautos an private Nutzer vermittelt und sich neben der Vermittlung noch um die Versicherung kümmert. Oder aber es sind Plattformen zum Verleih von Geräten und Maschinen, die Private nur gelegentlich brauchen und sie dazu nicht kaufen würden. Jemand, der die Mischmaschine oder die Motorsäge angeschafft hat, aber nicht immer nutzt, kann sich durch den Verleih etwas von den teuren Anschaffungskosten wieder zurückholen.

Mieten oder kaufen?

Was im normalen Sprachgebrauch als Car Sharing bezeichnet wird, ist eigentlich eine Art Kurzzeit-Miete. Denn ob Car2Go oder DriveNow, die Fahrzeuge gehören nicht den Nutzern, sondern Automobilkonzernen wie Daimler oder BMW. In Wien waren dies zuletzt immerhin 1.300 Autos, mit denen tägliche etwa 7.000 Fahrten unternommen wurden.

Über den sozialen und ökologischen Nutzen dieser Systeme gibt es unterschiedliche Ansichten. Die einen meinen, es sei sinnvoll, wenn man ein Auto nicht mehr kaufen müsse, sondern nur dann mietet, wenn man es wirklich braucht, etwa zum Großeinkauf im Supermarkt. Andere sagen, die ökologischen Auswirkungen seien eher negativ. Denn die Nutzer der Autos hätten öffentliche Verkehrsmittel genommen, wenn das Car Sharing-Angebot nicht vor ihrer Haustüre so verlockend dagestanden wäre. Insgesamt würden diese Systeme den Verkehr in den Städten nicht verringern, am Land gibt es das Angebot – bisher – ohnehin noch nicht.

In anderen Bereichen hat sich das Mieten statt Kaufen bereits weitgehend durchgesetzt, etwa im Wintersport. Hatte früher jeder Skifahrer alle paar Saisonen sein neues Paar Skier erworben, so greifen jetzt immer mehr auf das Mietangebot vor Ort zurück. Eventuell besitzt man noch seine eigenen Skischuhe, aber man leiht sich das jeweils neueste Ski-Modell in Kitzbühel oder Saalbach. Für die ein, zwei Wochen Nutzung pro Jahr zahlt es sich nicht aus, jedes Mal zu investieren. Die Skierzeuger haben diese Entwicklung in ihren Umsätzen gespürt, aber inzwischen hat sich der Markt auf einem etwas niedrigeren Niveau eingependelt. Die Skiverleiher kaufen eben jetzt jedes Jahr ihre Kontingente, nicht mehr die einzelnen Konsumenten.

Über den Wolken

BETTINA EGGER FLIEGT ALS CO-PILOTIN BEI AUSTRIAN EINE DASH 8-400.

Bettina Egger im Cockpit ihrer Turboprop-Maschine:
Den Traum vom Fliegen verwirklicht und zum Beruf gemacht.

Bis zu vier Flüge am Tag von Wien aus in die Städte Mitteleuropas.

Florenz. Lyon. Basel. Podgorica. Bozen. Kos. Krakau. Prag. Graz. Linz. Bettina Egger kommt viel herum in ihrem Job. Sie steuert als Copilotin eine 76-sitzige Dash 8-400 Turboprop-Maschine des kanadischen Herstellers Bombardier. Ihre Ziele liegen ein bis zwei Flugstunden rund um Wien. „Leider sehe ich meist nicht sehr viel von den Städten", erzählt sie. Denn normalerweise fliegt sie – eine von derzeit 30 Pilotinnen der Austrian – pro Arbeitstag vier Mal an zwei unterschiedliche Destinationen hin und zurück. „Nur manchmal gibt es einen fünften Flug und wir lassen die Maschine etwa über Nacht in Venedig. Dann übernimmt in der Früh einen andere Crew und wir können uns etwas anschauen."

Ihre Arbeitstage sind voller Besprechungen und Routinen: „Ein Großteil des Fliegens bedeutet Management." (Egger). Nach dem Einchecken in Wien Schwechat bei Austrian nimmt sie ihre Flugaufträge für den Tag entgegen. Dann wird mit dem Kapitän die genaue Flugplanung gemacht: von der Sprit-Betankung bis zum regionalen Wetter. Auch eventuelle Ausweichflughäfen werden noch am Boden festgelegt, falls am Zielflughafen eine Landung nicht möglich sein sollte. Im Anschluss daran findet mit der gesamten Crew – dem Kapitän und den Flugbegleiterinnen und Flugbegleitern – ein Crewbriefing statt. Da wird zusätzlich zu Wetter und Flugstrecke auch auf andere Besonderheiten eingegangen, wie etwa Passagiere, welche aufgrund ihrer gesundheitlichen Situation separat mit Rollstuhl zum Flugzeug gebracht werden oder auf spezielles Gepäck wie Musikinstrumente.

Dann fährt die Crew mit einem Kleinbus zum Flugzeug. Die Regionalflieger sind zu klein für die Andock-Finger in Schwechat, sie stehen auf dem Vorfeld. Der Kapitän macht seinen Rundgang und überprüft noch einmal die Maschine von außen. In der Zwischenzeit bereitet der Copilot das Flugzeug vor, schaltet den Strom ein, gibt die Flugpläne ins System und errechnet gemeinsam mit dem Kapitän die Geschwindigkeiten je nach aktuellem Startgewicht und Belade Plan. Jetzt kann es losgehen.

„Wenn man einmal in der Luft ist, ist es entspannter", lächelt Egger. „Es ist eine unglaubliche Weite und Ruhe. Das Fliegen ist eine Leidenschaft, die hat man oder hat man nicht. Erklären kann man das niemandem." Dabei geht es auch während des Fluges nüchtern und professionell zu. Einer der beiden Piloten fliegt, der andere macht das „Paperwork". Die längste Zeit der Strecke wird mit Autopilot geflogen. Generell dürfen Kapitän und Copilot dasselbe – auch starten und landen. Nur bei einigen Flughäfen mit besonders kurzen Pisten oder schwierigen Anflügen ist ein Captain's Landing vorgeschrieben.

Bettina wurde 1981 in Wien geboren. Die Leidenschaft fürs Fliegen hat sie, seit sie Volksschülerin war. „Bei unseren Urlauben war immer der Flug das Interessanteste, und ich habe auch ins Cockpit hineinschauen dürfen." Zeichnungen von Flugzeugen gehörten ebenso schon zu ihren frühen Erinnerungen. Bettinas Eltern sind beide Akademiker, der Vater Arzt, die Mutter AHS-Professorin. „Daher war ganz klar, dass ich auch studieren werde." Sie inskribierte an der Universität Wien Veterinärmedizin, „aber nach einem Jahr habe ich gemerkt, das ist nicht Meins. Ich möchte fliegen. Und zwar nicht nur als Hobby. Ich will, dass das Fliegen mein Beruf wird. Die Frage war: Wie kann man in Österreich Pilot werden?"

Ihre Eltern willigten schließlich ein, und Bettina schrieb sich bei einer Flugschule im niederösterreichischen Bad Vöslau ein. An ihren ersten Soloflug erinnert sie sich noch genau, mit einem Leichtflugzeug des Wiener Neustädter Herstellers Diamond Aircraft: „Eigentlich hat mich mein Fluglehrer überrumpelt. Nach ein paar Routine-Landungen ist er ausgestiegen und hat gemeint, nun soll ich es allein machen. Und als ich oben war, war es schon cool."

Bettina Egger durchlief alle notwendigen Stufen der Ausbildung bis hin zur Berufspiloten-Qualifikation. Soweit sie sich erinnert, kostete das insgesamt mit den notwendigen Flugstunden etwa 60.000 Euro. Den Großteil bezahlten ihre Eltern, sie jobbte nebenbei am Flughafen, verdiente bald auch erstes Geld als Fluglehrerin. Der

Erster Soloflug:
Bettina Egger vor einem Diamond Aircraft-Leichtflugzeug aus heimischer Produktion.

Berufseinstieg als Pilotin sollte aber nicht leicht fallen. Sie war ausgerechnet 2001 fertig geworden, knapp nach den Anschlägen auf das World Trade Center in New York. Die Flugbranche schlitterte weltweit in eine tiefe Krise. „Ich habe allein in Deutschland 60 Bewerbungen verschickt, von Airlines bis zu Bedarfsfluglinien. Von den meisten habe ich nicht einmal eine Antwort bekommen."

Doch dann gab es doch eine Möglichkeit, wenn auch nicht gleich im Cockpit. InterSky war eine kleine neue Vorarlberger Regionalfluglinie, anfangs mit nur einer Dash. Das Flugzeug stand in Bern in der Schweiz und flog in Mitteleuropa. Bettina Egger arbeitete in Wien im so genannten Dispatch, also in der Flugplanung. „Dabei lernt man sehr viel", erinnert sie sich. Und irgendwann durfte sie dann doch als Copilotin die Dash fliegen. Das war damals das etwas kleinere Modell als ihr heutiges, die Dash 8-300 mit 50 Passagieren. Ihr erster Flug führte sie damals von Bern nach Wien. Gefragt, ob es ein mulmiges Gefühl gewesen sei, plötzlich für so viele Menschen verantwortlich zu sein, antwortet sie: „Nein, überhaupt nicht. Man ist so in der Sache drin, dass man nicht nachschaut, wer aller hinten sitzt. Das Beherrschen des Flugzeugs ist das Entscheidende."

Dann folgte ein Jahr Arbeit bei der Flugaufsichtsbehörde Austro Control als Inspektorin. Aber daneben begann Frau Egger schon für Tyrolean in regelmäßigen Abständen eine Dash 8-300 zu fliegen. Das war ihr aber zu wenig, und als sich die Möglichkeit einer Fixanstellung ergab, wechselte sie zu der Austrian-Tochter, die inzwischen mit Austrian verschmolzen wurde.

Heute ist die Situation für Fluginteressierte wieder ganz anders. Austrian suchte im Sommer 2016 etwa 160 Piloten und hat die eigene Ausbildung intensiviert. Daran ist auch Frau Egger beteiligt. Als Fluglehrerin unterrichtet sie künftige Piloten am Simulator – für deren späteren Einsatz auf einer der 18 Dash-Maschinen, die Austrian betreibt. „Wenn das nicht wäre, hätte ich vielleicht schon auf eine andere Type gewechselt." Das hat etwa ihr Mann getan, der ebenfalls Pilot ist und kürzlich vom Turboprop auf den Embraer-Regionaljet umgestiegen ist. Sie unterrichtet gerne, aber natürlich ist das Fliegen weiterhin ihre große Leidenschaft. Dass sie sich mit mehr als 3.500 Flugstunden inzwischen für den Aufstieg zum Kapitän beworben hat, gehört da ganz selbstverständlich dazu.

Fliegen und Unterrichten:
Bettina Egger bildet Nachwuchspiloten am Simulator aus.

Bildnachweis:

Audi Hungaria: S. 15, 16, 17, 19
Boehringer Ingelheim: S. 104
Czech Nanotechnology Industries Association: S. 145, 146, 147
Diamond Aircraft: S. 41
Doppelmayr Garaventa: S. 127, 128, 129, 130
Bettina Egger: S. 170
Reinhard Engel: Cover, S. 10, 11, 13, 18, 21, 23, 26, 29, 31, 32, 35, 36, 37, 39, 46, 47, 48, 49, 50, 51, 53, 58, 64, 65, 66, 67, 70, 72, 73, 74, 75, 76, 80, 85, 92, 95, 97, 98, 99, 100, 102, 106, 110, 111, 112, 113, 115, 116, 117, 118, 119, 123, 124 (unten), 125, 132, 135, 138, 140 (unten), 141, 149, 150, 152, 155, 161, 163, 164, 167, 168, 171, U4
FACC: S. 42
GPA-djp: S 121, 122, 124 (oben)
Inditex: S. 79, 81, 82
Michael Jursa: S. 60, 61
Stefanie Kernstock: S. 93
Kodak: S. 142
KHM-Museumsverband: S. 59
Leica: S. 140 (oben)
Lithoz: S. 54, 56
NanoTrade: S. 144
Nike: S. 25
Raiffeisen: S. 134
Schiebel: S. 43
Siemens: S. 89
Technisches Museum Wien: S. 86, 87
Peter Nikolai Thier: S. 5,6
TORRECILLA/EPA/picturedesk.com: S. 78
Verbund: S. 156, 157, 158
voestalpine: S. 109

Zum Weiterlesen für Interessierte:

EU FOR YOU! SO FUNKTIONIERT DIE EUROPÄISCHE UNION. WOLFGANG BÖHM, OTMAR LAHODYNSKY. G&G VERLAGSGESELLSCHAFT 2013.

Die beiden österreichischen Journalisten Wolfgang Böhm und Otmar Lahodinsky beschreiben leicht verständlich die Europäische Union. In den Kapiteln, die sich mit der Wirtschaft befassen, wird der Binnenmarkt erklärt, es gibt praktische Beispiele zu Wettbewerbsverfahren gegen Microsoft und gegen das Bierkartell. Aber auch Euro, Europäische Zentralbank sowie Regional- und Agrarpolitik werden durchleuchtet.

DAS WIRTSCHAFTSBUCH. DORLING KINDERSLEY 2013.

Dies ist ein anspruchsvolles 350-Seiten-Werk, verfasst von einem internationalen Autorenteam. Aber der Band wurde in viele, gut lesbare kleine Kapitel unterteilt und folgt historischen Abläufen: von den Anfängen des Welthandels in der Antike über die industrielle Revolution bis zur den Ausprägungen der modernen Wirtschaft. Die Leser müssen nicht chronologisch vorgehen, sondern könne gezielt Antworten auf ihre jeweils brennendsten Fragen suchen.

FELIX UND DAS LIEBE GELD. ROMAN VOM REICHWERDEN UND ANDEREN WICHTIGEN DINGEN. NIKOLAUS PIPER. BELTZ UND GELBERG 2008.

Felix Blum und sein Freund Peter leben in der deutschen Provinz und wollen reich werden. Sie finden wie im Märchen einen Goldschatz, diesen wollen sie noch einmal vermehren und investieren ihn in Aktien. Zuerst scheint alles gut zu gehen, aber dann entwickelt sich die Story zu einem spannenden Krimi mit dramatischen Verlusten, mit Betrügern und ... Im Anhang gibt es zusätzlich ein kleines Wirtschaftslexikon.

GESCHICHTE DER WIRTSCHAFT, ERZÄHLT VON NIKOLAUS PIPER. BELTZ UND GELBERG 2007.

Der ehemalige Wirtschaftschef der Süddeutschen Zeitung erweckt in leicht lesbaren Kapiteln unterschiedliche historische Beispiele zum Leben. Es geht um Recht und Räuber, um die doppelte Buchführung und den Sklavenhandel, um die Fabrik, die Börse und die Anfänge der modernen Konsumgesellschaft.

GLOBALISIERUNG. SO FUNKTIONIERT DIE WELTWEITE VERNETZUNG. WOLFGANG BÖHM, OTMAR LAHODYNSKY. VERITAS 2008.

Böhm und Lahodinsky bieten einen kompetenten Einblick in die Kräfte der Globalisierung. Deren Geschichte wird beschrieben, und das Buch zeigt an konkreten Beispielen, etwa einer Näherin in China oder einem Meeresbiologen, wie eine international eng verflochtene Wirtschaft das Leben einzelner Menschen bestimmt.

REGIERT DAS GELD DIE WELT? WIE DIE WIRTSCHAFT FUNKTIONIERT UND WARUM DIE KRISE IMMER WIEDER KOMMT. HANS-CHRISTOPH LIESS. ARENA 2012.

Hans-Christoph Liess ist Wissenschaftshistoriker und forscht vor allem über die Geschichte der Ökonomie. Er erklärt die wichtigsten Wirtschaftstheorien leicht verständlich und beendet sein Buch mit großen Fragen, die uns alle betreffen: Ob wir uns ein immer schnelleres Wachstum im Angesicht des dramatischen Klimawandels noch leisten können und wie wir uns vor neuen Wirtschaftskrisen wappnen könnten.

WIEN GLOBAL. UNTERNEHMEN IM WELTWEITEN WETTBEWERB. REINHARD ENGEL. ECHOMEDIA 2015.

Der Bildband zeichnet Portraits von 40 Wiener Unternehmen – vom Start-up bis zur internationalen Konzerntochter –, die über die Grenzen Europas hinweg aktiv sind – entweder mit Exporten oder eigenen Niederlassungen. Im historischen Teil werden die überregionalen Beziehungen der Wiener Wirtschaft in früheren Jahrhunderten beschrieben.

Reinhard Engel, geb. 1957 in Bruck/Mur, ist freier Wirtschaftsjournalist und Pressefotograf und berichtet seit mehr als 25 Jahren als Korrespondent aus Mittelosteuropa. Er publiziert regelmäßig in den deutschen Medien „Die Welt" und „Ost-West Contact" sowie in Österreich im Feuilleton „Spectrum" der Wiener Tageszeitung „Die Presse" und im jüdischen Monatsmagazin „Wina".

Engel studierte Politikwissenschaft, Literatur und Ökonomie in Wien (Dr. phil.). Er war Redakteur beim Magazin „trend", Gründer, Herausgeber und Chefredakteur des Magazins „New Business", Leiter des Wirtschaftsressorts der Wiener Tageszeitung „Kurier", Chefredakteur von „Wirtschaft in Ungarn". Er arbeitete als Autor für zahlreiche Zeitungen und Zeitschriften, darunter „Der Standard", „profil", „Österreichisches Industriemagazin", „Succeed". Internationale Publikationen u. a. in „The Economist", „Newsweek", „manager magazin", „Die Zeit" und „The Financial Times".

Zwölf Buchveröffentlichungen, darunter: „Der harte Weg nach Europa. Osteuropa nach dem Fall des Eisernen Vorhangs: Reportagen und Analysen aus Polen, Tschechien, Slowenien, der Slowakei und Ungarn"; „Luxus aus Wien/Luxury from Vienna. Handgemachtes von heute aus der einstigen Kaiserstadt"; „Der wankende Riese. Gewerkschaften zwischen Globalisierung und Krise der Sozialpartnerschaft".

r.engel@aon.at